Gusta[illegible]et

Album de l'exposition

L'œuvre de Courbet
et sa critique en image

par
Laurence des Cars
et
Dominique de Font-Réaulx

rmn

Cet album est édité à l'occasion de l'exposition
« Gustave Courbet »
présentée aux Galeries nationales du Grand Palais
du 13 octobre 2007 au 28 janvier 2008

COMMISSARIAT

Laurence des Cars
Conservateur au musée d'Orsay

Dominique de Font-Réaulx
Conservateur au musée d'Orsay

Gary Tinterow
Engelhard Curator in Charge,
Department of Nineteenth-Century,
Modern, and Contemporary Art
The Metropolitan Museum of Art

Michel Hilaire
Directeur du musée Fabre

assistés de

à New York
Kathryn Calley Galitz
Assistant Curator,
Department of Nineteenth-Century,
Modern, and Contemporary Art
The Metropolitan Museum of Art

à Montpellier
Sylvain Amic
Conservateur au musée Fabre

SCÉNOGRAPHIE

Didier Blin
Architecte-scénographe

Illustration de couverture :
Portrait de l'artiste, dit *Le Désespéré* (détail).
Collection privée, par courtoisie de Conseil Investissement Art BNP Paribas

Quatrième de couverture :
Portrait de l'artiste, dit *Le Désespéré*.
Collection privée, par courtoisie de Conseil Investissement Art BNP Paribas
La Lune, 9 juin 1867. Paris, collection privée, The Duke
L'Eclipse, 2 juillet 1870. Paris, collection privée, The Duke
Le Hanneton, 13 juin 1867. Paris, collection privée, The Duke

ISBN : 978-2-7118-5298-7
EA 10 5298

Sommaire

L'invention de Courbet. Les premiers autoportraits

Les autoportraits de Courbet ont longtemps été considérés avec prudence et parcimonie par les historiens d'art. Si l'*Autoportrait au chien noir* et *L'Homme blessé* ont toujours été protégés par un statut d'exception reconnu du vivant de l'artiste, il n'en est pas de même pour le reste de la vingtaine d'œuvres, peintes ou dessinées, où Courbet se représenta entre 1842 et 1855. L'ensemble forme un corpus que beaucoup ont jugé gâté par un narcissisme encombrant et une instabilité stylistique immature.

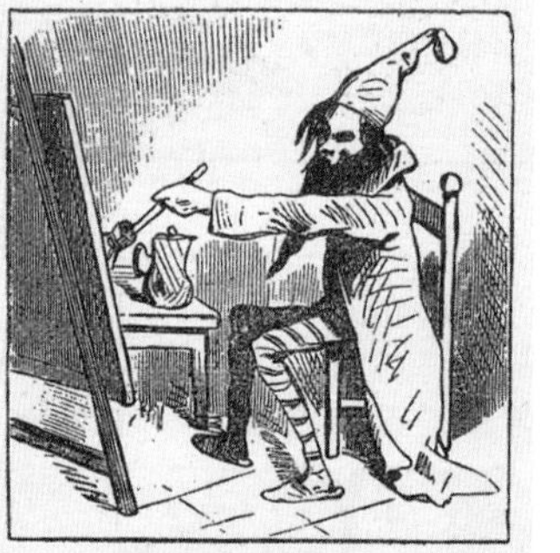

M. Courbet enrhumé.

Caricature de Quillenbois, « M. Courbet enrhumé », *L'Illustration*, 21 juillet 1855. Caricature du *Peintre à son chevalet*

Parce qu'ils constituent l'essentiel de la production de jeunesse à nous être parvenue, les autoportraits témoignent des années de formation, et de la mise en place de références et d'habitudes visuelles qui sont devenues avec le temps constitutives de la peinture de Courbet. Passant avec aisance de la méditation des maîtres anciens à l'assimilation d'une culture romantique finissante, ces œuvres sont les premières à révéler Courbet en dévoreur d'images. Un artiste lettré, voyageur et visiteur de musées, du Louvre aux collections de peintures nordiques, espagnoles et allemandes, commence alors à doubler l'image publique du provincial mal dégrossi, que l'intéressé s'est plu à perpétuer tout au long de sa carrière, comme pour mieux préserver son jardin secret de peintre.

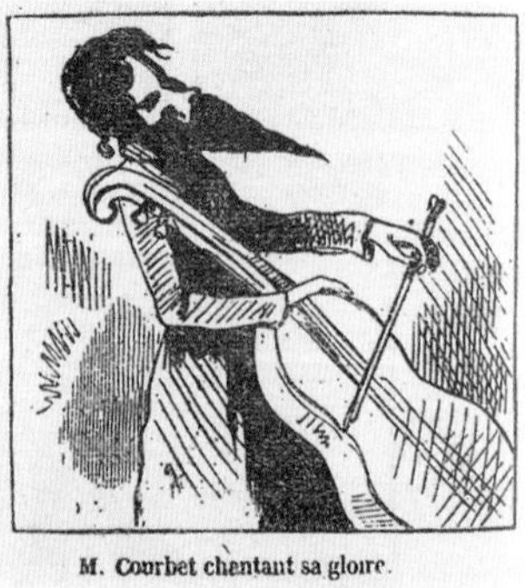

M. Courbet chantant sa gloire.

Caricature de Quillenbois, « M. Courbet chantant sa gloire », *L'Illustration*, 21 juillet 1855. Caricature du *Violoncelliste*

Pour se trouver, Courbet n'hésite pas à pousser, à un impressionnant degré de confiance en soi et d'aboutissement esthétique, le dialogue avec des traditions savantes et populaires cohérentes à l'égard de son désir de refondation. C'est une folle et gigantesque entreprise autobiographique qui se met en place à partir de la série de portraits des années 1840, irriguant l'œuvre bien au-delà de *La Rencontre* et de *L'Atelier du peintre*, et de la représentation de l'artiste par lui-même. Courbet n'a au fond jamais renoncé à l'autoportrait. Sa propre présence s'incarne dans le moindre recoin de ses meilleures toiles. Présent dans sa peinture de paysage, comme dans le corps des femmes qu'il célèbre, il est aussi le chasseur et la proie animant une conception très personnelle de la vénerie, de même qu'il est enfin la truite qui agonise, tandis que l'homme et le peintre tentent de survivre après la Commune.

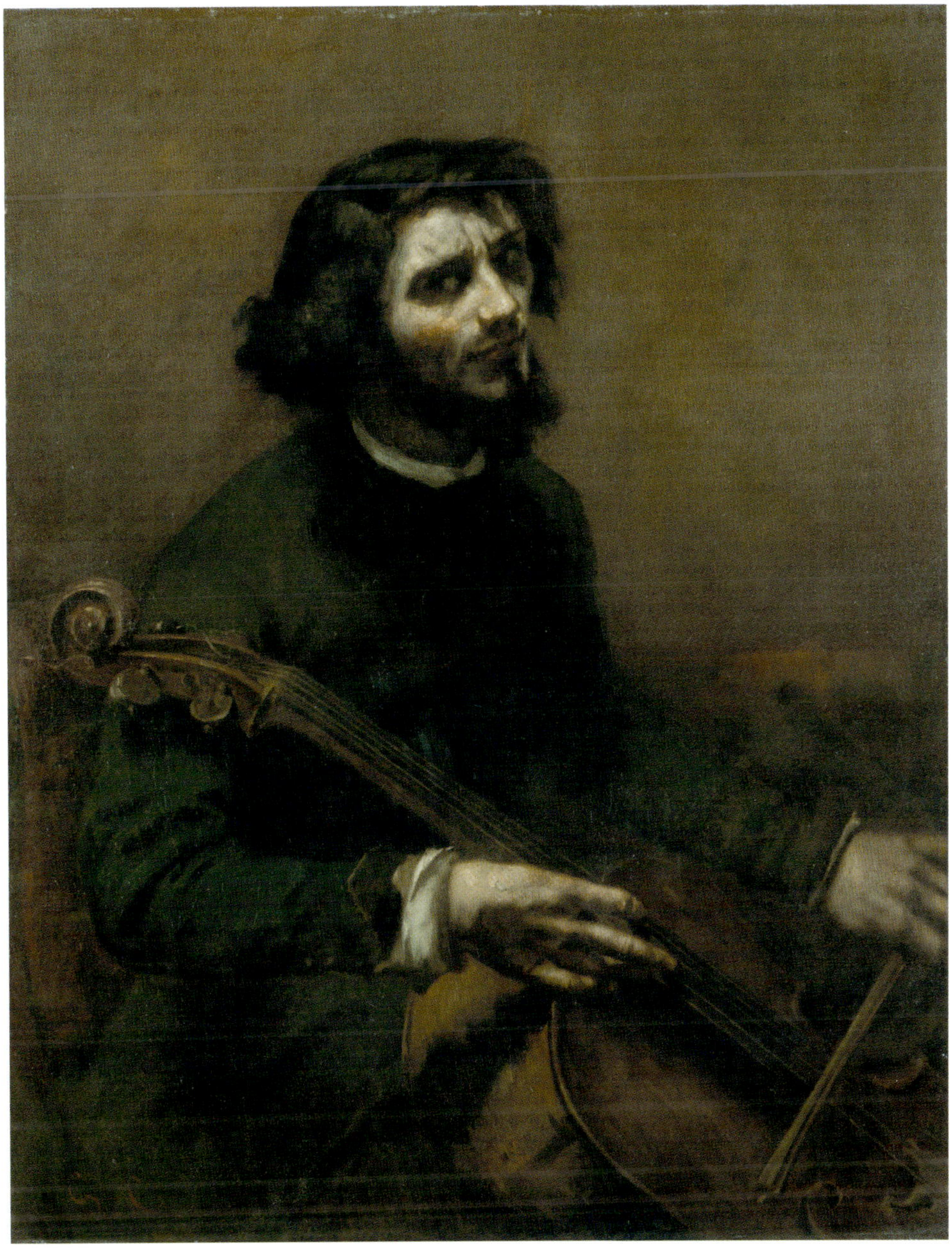

Le Violoncelliste, 1847, huile sur toile, H. 117 × L. 89 cm. Stockholm, Nationalmuseum

Si l'autoportrait est une initiation et une quête d'identité, que Courbet partage avec beaucoup d'autres jeunes peintres, l'image publique qui résulte de l'exercice a dans son cas une dimension inédite. De la barbe «à l'assyrienne» des débuts à la corpulence du «colonnard» en sabots, buveur de bière et fumeur de pipe, le visage et la silhouette de l'artiste, aisément reconnaissables, sont vite célèbres dans la presse du temps. En parallèle d'une œuvre abondamment, et souvent très pertinemment, relue par les meilleurs caricaturistes, sa personne, son physique, son caractère, comme son accent franc-comtois traînant, sont l'objet d'un nombre considérable de représentations. Courbet, osant édicter avec son *Atelier* manifeste de 1855 un nouveau statut de l'artiste au sein de la société, devient assez logiquement le peintre le plus caricaturé du XIXe siècle.

La posture de l'artiste est donc très tôt assimilée aux poses de ses autoportraits. Déclinant une grammaire romantique du moi, les travestissements successifs de Courbet, tour à tour rapin, amant blessé ou créateur tourmenté, doivent beaucoup à la culture littéraire contemporaine. Le jeu de rôles « bohème » et la confidence amoureuse renvoient entre autres à Alfred de Musset, et plus généralement à l'émergence de l'artiste

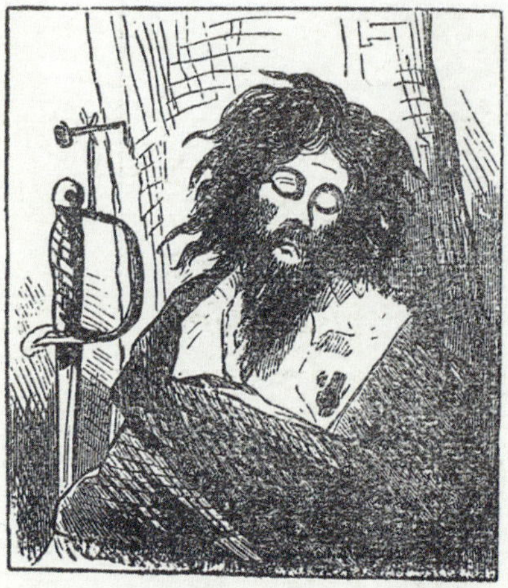

Caricature de Quillenbois, « M. Courbet blessé », *L'Illustration*, 21 juillet 1855.

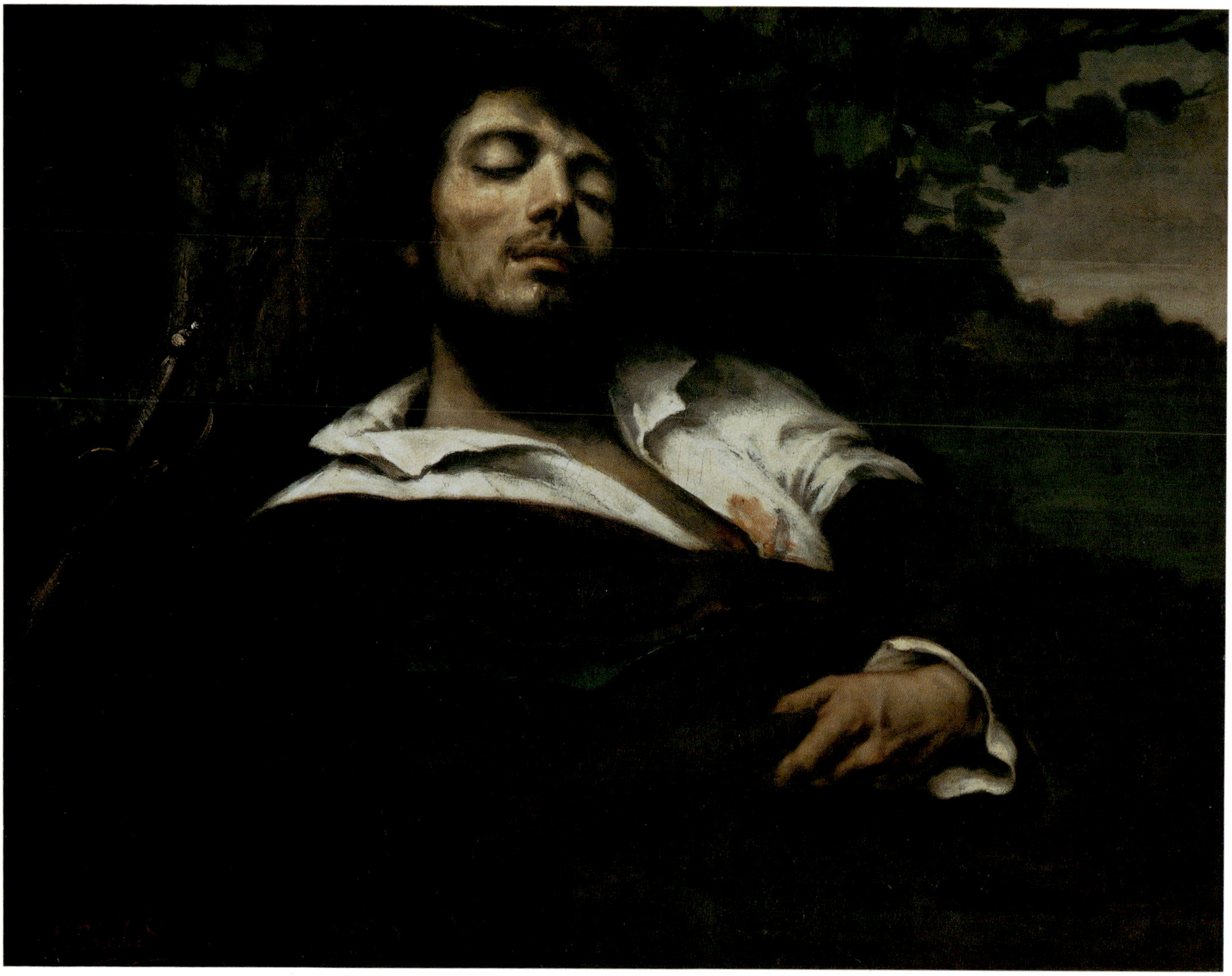

Portrait de l'artiste, dit *L'Homme blessé*, 1844-1854, huile sur toile, H. 81 × L. 97 cm. Paris, musée d'Orsay

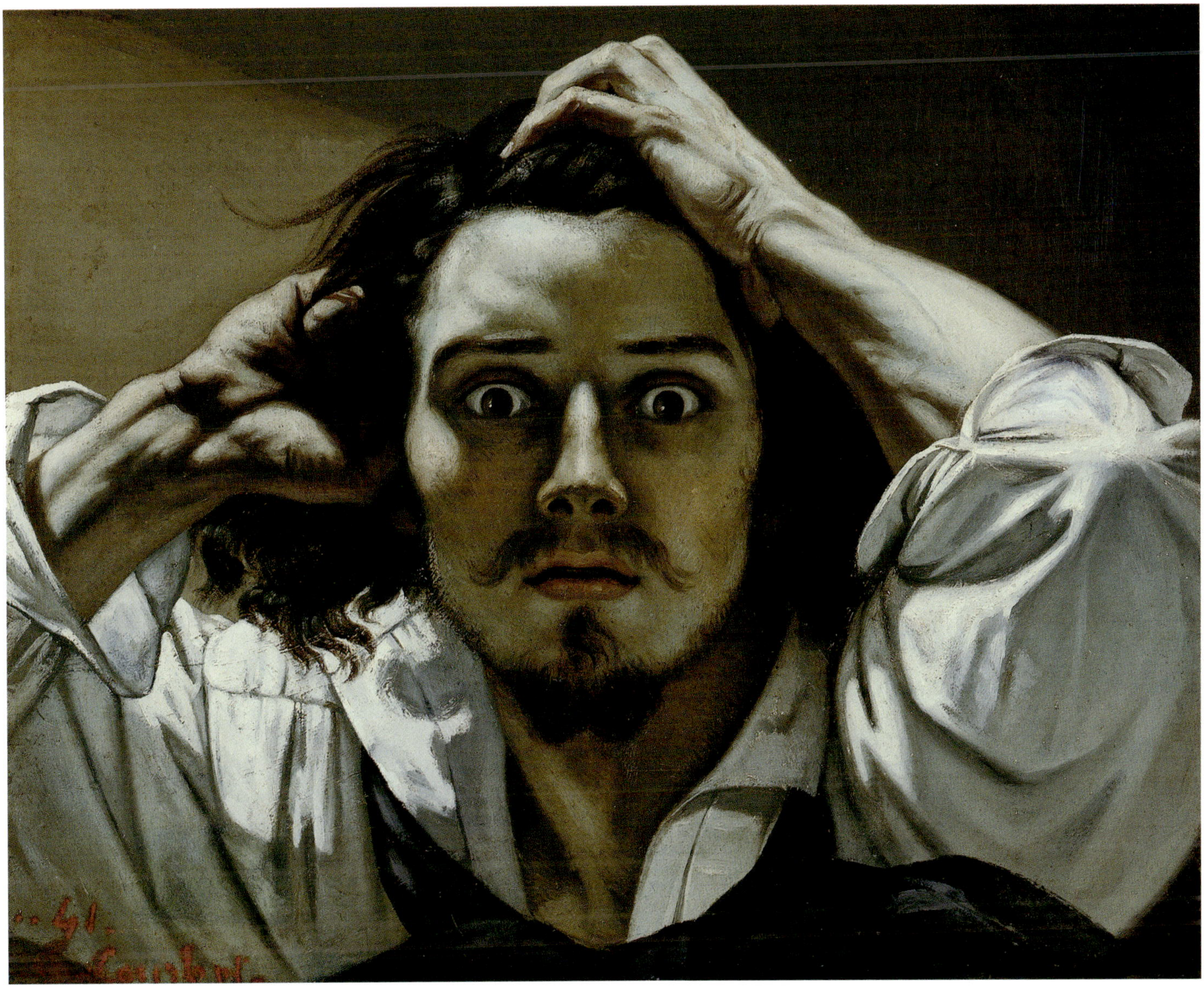

Portrait de l'artiste, dit *Le Désespéré*, 1844-1854, huile sur toile, H. 45 × L. 54 cm.
Collection privée, par courtoisie de Conseil Investissement Art BNP Paribas

se pensant et se vivant en démiurge solitaire et incompris. De cette conception qui suppose de prendre littéralement à témoin le spectateur ou le lecteur, Courbet s'est dégagé pourtant assez vite pour atteindre avec *L'Homme à la pipe* une qualité d'indifférence face au regard des autres qui signe sa vraie liberté de créateur. Alors que le peintre ne cesse de demeurer fidèle à cette affirmation, la figure publique, et son sens aigu de l'événement, ont assuré à Courbet une popularité sans égale. L'équilibre instable et dangereux de cette tension schizophrénique finit par se rompre à la fin des années 1860. Le personnage remplace peu à peu le peintre, et le double encombrant fut tout ce qui resta quand le vent de l'histoire tourna.

L. C.

De l'intime à l'Histoire

Toute sa vie, Courbet resta proche de sa famille, de ses amis d'enfance, de sa terre natale. Hâbleur, sûr de lui, doté d'une ambition personnelle farouche, l'homme demeure cependant loyal aux siens et à son pays. Son talent, sa carrière de peintre puisent moins, sans doute, aux aléas de son existence d'adulte qu'à sa fidélité à lui-même, aux certitudes qu'il se forge dans sa jeunesse, à sa sensibilité nourrie par les promenades dans ses vallées franc-comtoises et enrichie de l'amour, d'une dévotion sans faille, que lui portent sa mère et ses sœurs. Il y a de l'enfant gâté chez Gustave, de l'assurance du fils unique et chéri qui s'assure d'occuper autant d'espace que possible. La vie est confortable chez les Courbet : Régis, le père, est un des plus gros propriétaires de Flagey et, à Ornans, son épouse, Sylvie Oudot, appartient elle aussi à une famille aisée.

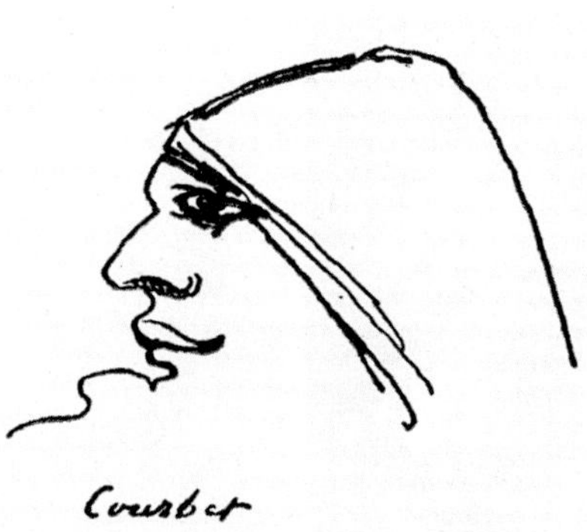

Dessins de Charles Baudelaire,
« Courbet », vers 1848 (détails)

Seul garçon d'un couple jeune, Gustave est l'aîné de quatre filles. Ce grand gaillard, volontiers vantard de ses supposées conquêtes, est, grâce à ses sœurs, un connaisseur familier de l'univers féminin, au sein duquel il a grandi, dans une rare confiance. Il peint souvent ses cadettes ; il réalise leurs portraits et les utilise comme modèles pour des toiles plus ambitieuses – *Les Demoiselles de village*, *Les Cribleuses* notamment. Leurs traits inspirent certaines figures féminines, telle *La Voyante* qui a les grands yeux de Juliette et l'ovale allongé de son visage. L'abandon serein de ses femmes peintes, leur sommeil tranquille, leur rêverie prolongée puisent à l'intimité profonde établie entre Gustave et ses sœurs. Observant, auprès d'elles, la chaleur d'un monde clos, paisible, il put représenter ainsi, non la tension de la séduction, mais la quiétude de la confiance.

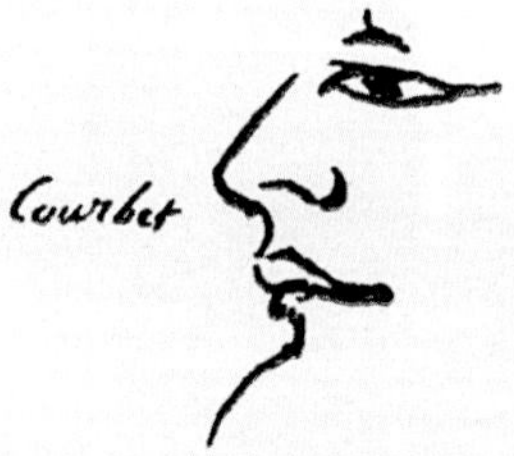

Courbet est un homme de territoire : il a besoin de s'établir solidement, d'accaparer les lieux, de les faire siens. Malgré sa longue vie parisienne, malgré les succès qu'il y connaît, il ne peint pas la capitale, ou incidemment. La transformation de la grande ville, sa vie moderne et industrielle ne l'inspirent pas. Peintre d'atelier, il réalise à Paris certains de ses paysages franc-comtois, achève dans son atelier de la rue Hautefeuille, où Francis Wey l'admira, un des tableaux les plus emblématiques de son attachement à sa région natale, *Une après-dînée à Ornans*. Moins

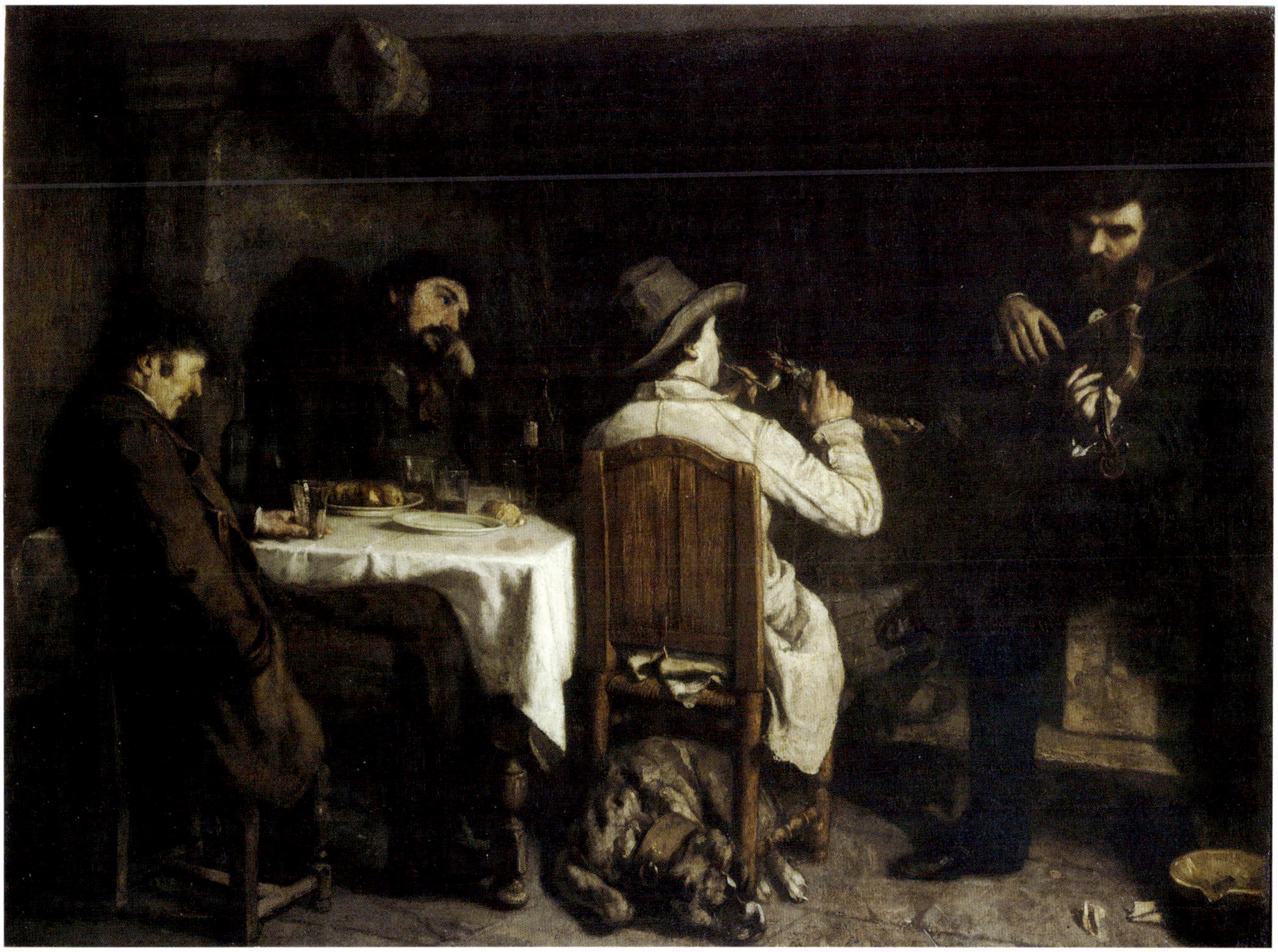

Une après-dînée à Ornans, 1848-1849, huile sur toile, H. 195 × L. 257 cm. Lille, Palais des Beaux-Arts

que sur l'observation directe, le travail de Courbet est fondé sur la mémoire, nourrie d'une sensibilité profonde.

La Franche-Comté est une région à l'identité forte. Elle possède un caractère particulier, volontiers revendiqué par ses habitants, surtout quand ils n'y demeurent plus. Ainsi, Charles Nodier, Francis Wey, Pierre-Joseph Proudhon, jusqu'à Victor Hugo, qui n'y naquit pourtant qu'incidemment, furent, comme Courbet, farouchement fiers de leur terre natale. Pays de falaises, de plateaux, mais aussi de larges vallées où l'eau coule et ruisselle, c'est une région agricole riche, avec une tradition vinicole bien établie ; la fortune des Courbet et des Oudot en est issue.

Vue de Paris, c'est alors une région étrangère, lointaine, rarement visitée. Ses habitants, à l'accent prononcé, aux manières simples, à la mise peu recherchée, sont alors volontiers moqués ou raillés. Courbet, pourtant, choisit de représenter sa région natale, ses paysages, sa population, ses mœurs et ses coutumes. La Franche-Comté qu'il peint est la sienne ; ainsi, il n'évoque ni Besançon – qu'il déteste – ni les plaines de la vallée de la Saône. Il s'attache à montrer ceux parmi lesquels il a grandi et auprès desquels il revient, fidèlement, automne après automne. Il aime représenter les paysages d'Ornans, de Flagey, de Maisières ; c'est un pays appréhendé à pas d'homme, qu'il connaît pierre par pierre.

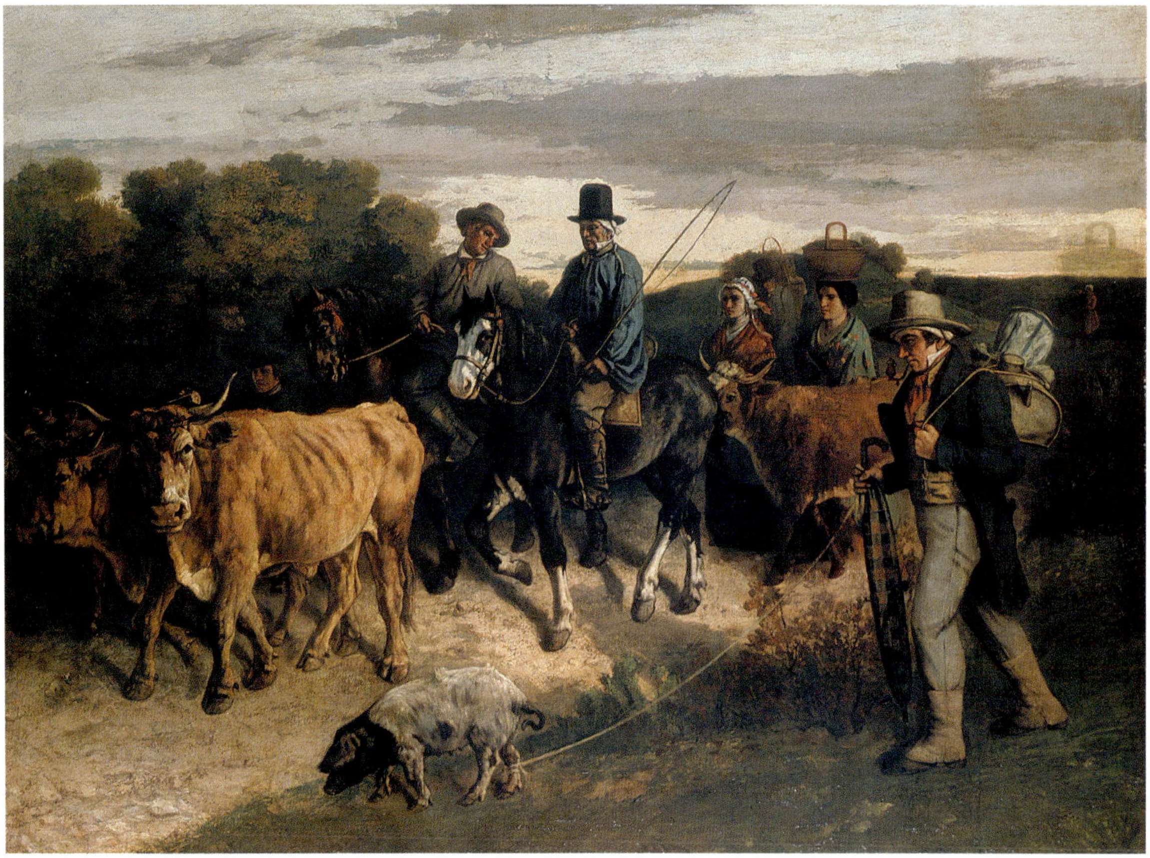

Les Paysans de Flagey revenant de la foire, Ornans, 1850-1855,
huile sur toile, H. 208 × L. 275 cm. Besançon, musée des Beaux-Arts et d'Archéologie

Cette terre solide et dense ne lui suggère pas de charmantes scènes sentimentales et populistes, mais la grandeur et la puissance de la peinture d'histoire, à laquelle il élève ses casseurs de pierre, ses paysans de retour de marché,

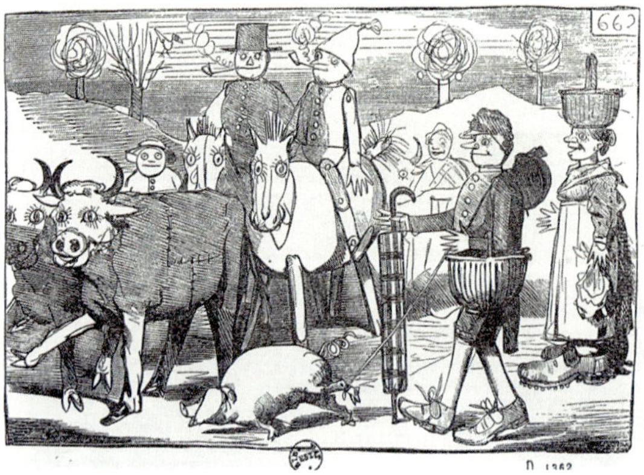

Caricature de Bertall,
« Le retour du marché par Courbet,
maître peintre », *Le Journal pour rire*, 7 mars 1851.

ÉPIGRAMME : Rien n'égale l'enthousiasme produit sur le public par les tableaux de Courbet. – Voilà de la *vérité vraie*, sans chic ni ficelles. – On ne sent point là le poncif de l'école, et les absurdes traditions de l'antique. Tout y est naïf, heureux et gai. Courbet avait dix-huit mois quand il a peint ce tableau.

ses vachères. Il les peint à grandeur, n'idéalise ni leurs mises, ni leurs attitudes ; leur rendu direct et brutal lui fut reproché par la critique. En présentant au Salon de 1849 *Une après-dînée à Ornans*, il montre au public parisien une œuvre où se mêlent l'attachement aux siens et à sa ville natale, et la référence à une tradition picturale, jouissant alors d'une considération nouvelle, celle de la peinture paysanne des frères Le Nain, alors étudiée par son ami Champfleury.

L'envoi au Salon de 1850-1851, que la liberté offerte par la médaille obtenue l'année précédente permit très important, résonna comme l'affirmation d'une identité paysanne : *Les Casseurs de pierre*, *Les Paysans de Flagey*, le *Portrait de Jean Journet* (aujourd'hui disparu) puisaient aux mêmes sources. Les écrits de Pierre-Joseph Proudhon, son compatriote, exerçaient une influence forte sur Courbet ; sans le

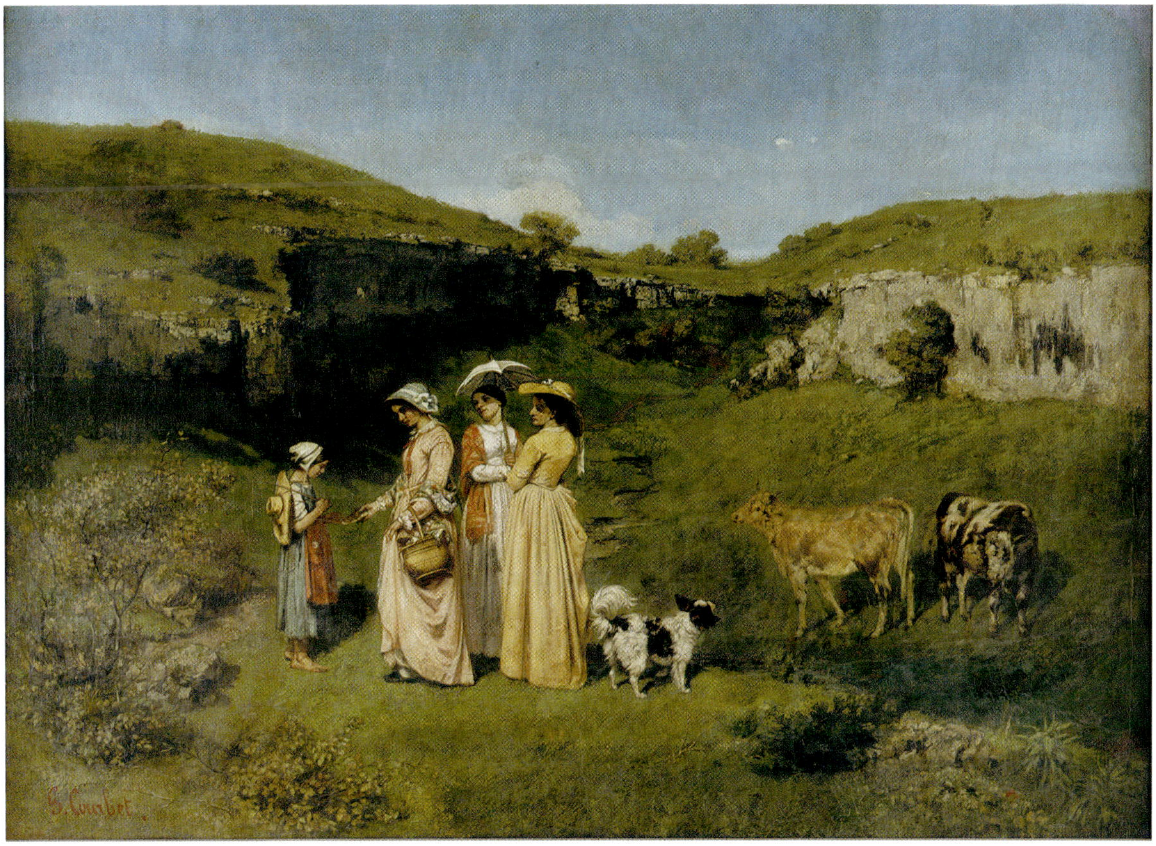

Les Demoiselles de village, 1852, huile sur toile, H. 194,6 × L. 261 cm.
New York, The Metropolitan Museum of Art

comprendre tout à fait, il admirait le philosophe. Ce dernier attendit beaucoup de la peinture de son compatriote; le réalisme incarnait pour lui la forme artistique propre à une société démocratique. Les toiles de 1850 sont marquées, non seulement par la volonté de donner du peuple une représentation noble, mais aussi par l'idée de «série», portée par les écrits de Proudhon. La «série de la route», ainsi que la désigna le peintre, comprend *Les Casseurs de pierre*, *Les Paysans de Flagey*, celle des «mœurs de campagne», *Les Demoiselles de village*, *Les Cribleuses*.

L'originalité de Courbet ne fut pas, évidemment, d'avoir aimé les siens et son village natal, mais d'avoir mis ses plus proches, son territoire, au cœur de son œuvre. Plus, d'avoir articulé autour de leur représentation les conditions de son renouveau pictural – ses toiles franc-comtoises majeures, hormis bien sûr les tableaux de paysage où il ne cessa de peindre les vallées et les grottes autour d'Ornans, datent du début des années 1850, au moment où, avec succès, il poursuit sa démarche de reconnaissance comme peintre majeur.

D. F.-R.

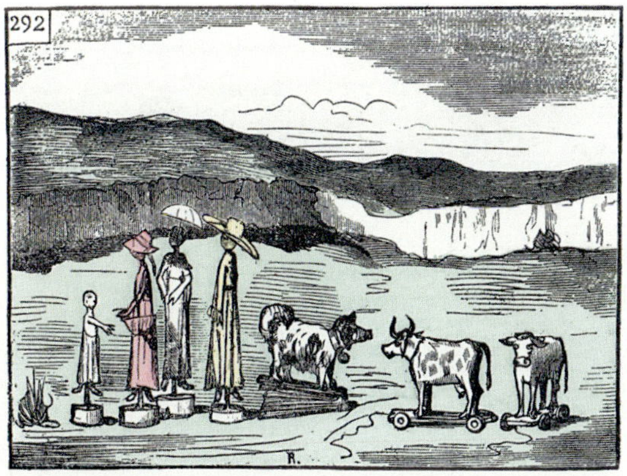

Caricature de Bertall, «Les demoiselles de village»,
Le Journal pour rire, 16 avril 1851.

ÉPIGRAMME :
M. Courbet, en profond observateur, a voulu prouver que les demoiselles de village sont *fichues comme quatre sous*, il les a représentées en poupées de la foire et comme, dans ce monde à part, les animaux sont plus petits que les personnages, il a maintenu les proportions... de la foire. On dit que ce tableau a été acheté 5,000 fr. par M. de Morny, nous en faisons compliment à M. Courbet.

Les manifestes

« Quand je ne serai plus contesté,
je ne serai plus important. »
Gustave Courbet

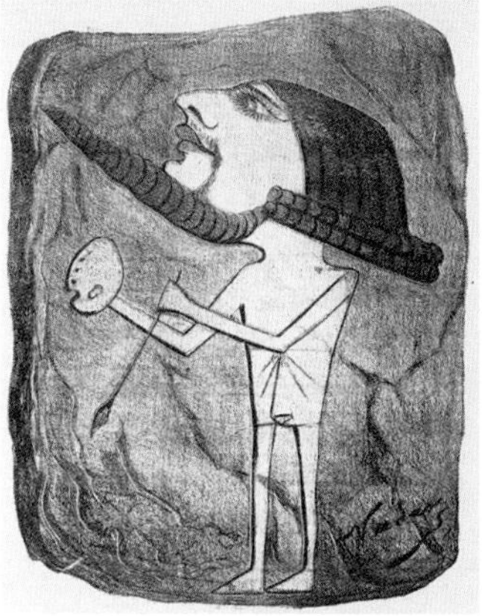

Caricature
de Félix Tournachon,
dit Nadar,
Le Journal Amusant,
11 décembre 1858

De 1850 à 1855 – les années qui séparèrent *Un enterrement à Ornans* de *L'Atelier du peintre* –, Courbet ne cessa d'occuper le devant de la scène artistique, avec une série d'œuvres qui imposèrent sa stature exceptionnelle dans le scandale et la polémique. L'élaboration de ce qu'il faut bien appeler une stratégie publique, voire publicitaire, prolongeait la première reconnaissance venue avec *Une après-dînée à Ornans*. Confiant dans son talent, Courbet construisait son entrée dans l'histoire de la peinture française par une conquête du champ artistique menée tambour battant. Les envois annuels au Salon, puis à l'Exposition universelle de 1855, et à son exhibition personnelle du Pavillon du Réalisme, se chargèrent de confirmer sa présence ambitieuse, frondeuse et dérangeante. Derrière les défis successifs lancés par le peintre à la hiérarchie des genres et aux conventions picturales, se devinaient autant une volonté de rupture brutale qu'un appel à la refondation. La réunion de ces deux dimensions permettait d'envisager, aujourd'hui aussi bien qu'hier, *Un enterrement à Ornans*, *Les Baigneuses*, *La Rencontre* et *L'Atelier du peintre* comme de puissantes prises de position esthétiques, sociales et politiques, et l'accomplissement d'un *aggiornamento* de la peinture comme peu avaient pu le mettre en œuvre.

Pour trouver et affirmer sa place dans l'art français, Courbet se confronta au genre suprême qu'était encore la peinture d'histoire au milieu du siècle et à son expression matérielle la plus absolue, le grand format. Alors que la légende dorée du réalisme aurait volontiers vu l'artiste engagé dans les réformes publiques et artistiques, celui-ci ne fit jamais de sa peinture un objet de militantisme. Entretenant dès ses débuts un rapport fort et complexe au politique, le peintre laissa ainsi passer quelque peu à distance la tempête politique de 1848. Il n'envisagea aucun tableau directement consacré aux événements, ni ne participa au concours de la figure de la République. Détourné et recomposé, le rapport au format historique prit avec *Un enterrement à Ornans* une voie transgressive, néanmoins empreinte de dignité et d'austérité. L'envoi de neuf toiles au Salon de 1850-1851, où portraits et paysages côtoyaient les scènes rurales et historiées d'Ornans, annonçait la vraie étendue du premier « manifeste » pictural de Courbet. La réforme se voulait complète et frappait par l'ampleur de son ambition. Nus, paysages, portraits et scènes de genre furent donc tous relus par lui dans la première moitié des années 1850, jusqu'à ce que la gigantesque allégorie réelle en forme de bilan de *L'Atelier du peintre* synthétise

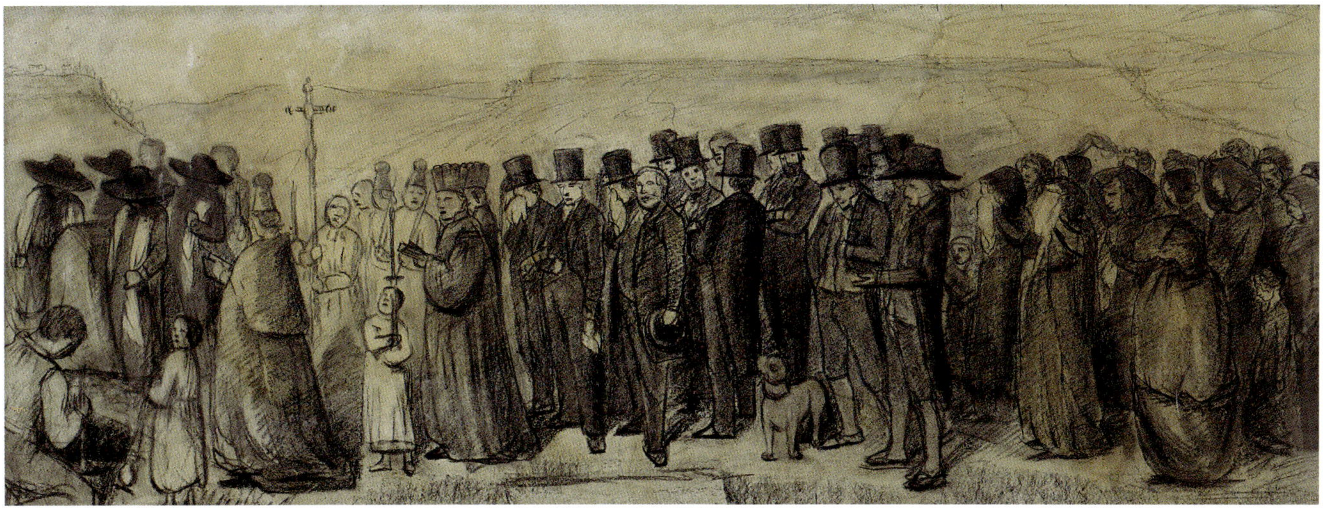

Étude pour *Un enterrement à Ornans*, vers 1849, fusain sur papier bleuté, H. 37 × L. 95 cm.
Besançon, musée des Beaux-Arts et d'Archéologie

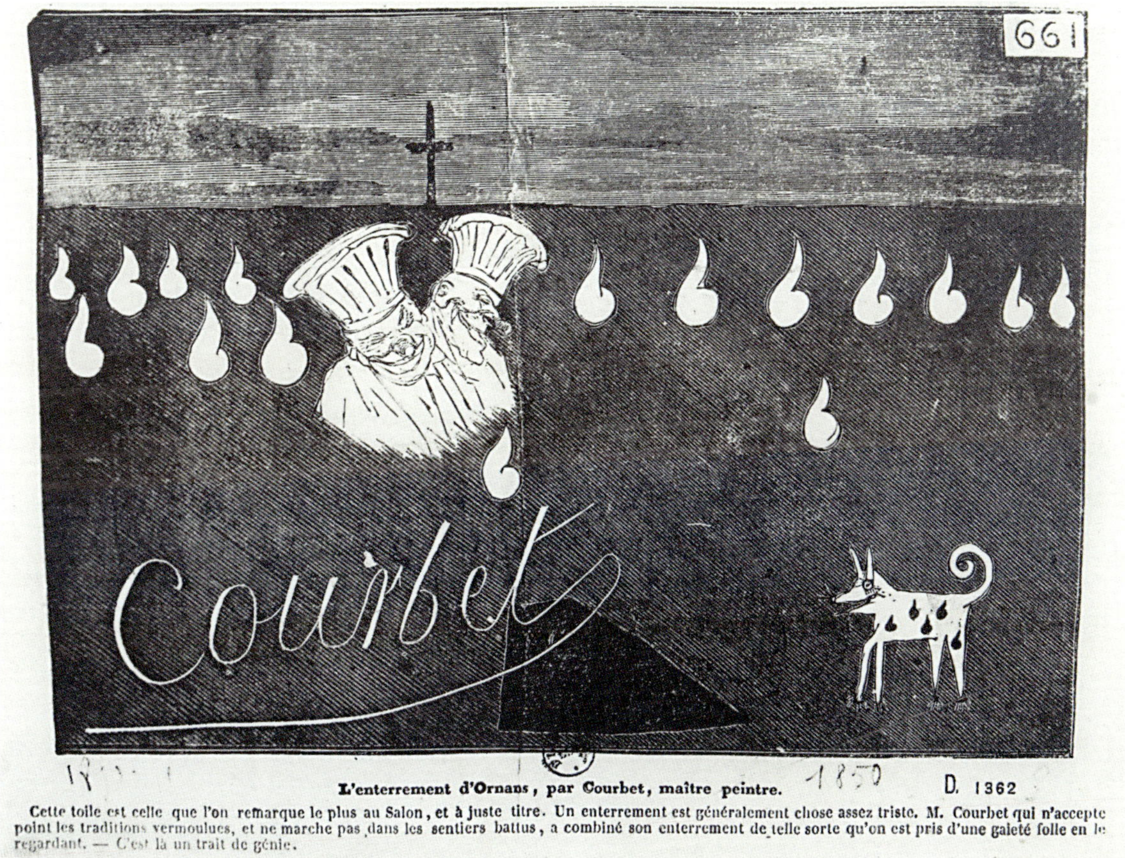

ÉPIGRAMME :
Cette toile est celle que l'on remarque le plus au salon, et à juste titre. Un enterrement est généralement chose assez triste. M. Courbet qui n'accepte point les traditions vermoulues, et ne marche pas dans les sentiers battus, a combiné son enterrement de telle sorte qu'on est pris d'une gaieté folle en le regardant. – C'est là un trait de génie.

Caricature de Bertall, « L'Enterrement d'Ornans, par Courbet, maître peintre », *Le Journal pour rire*, 7 mars 1851.

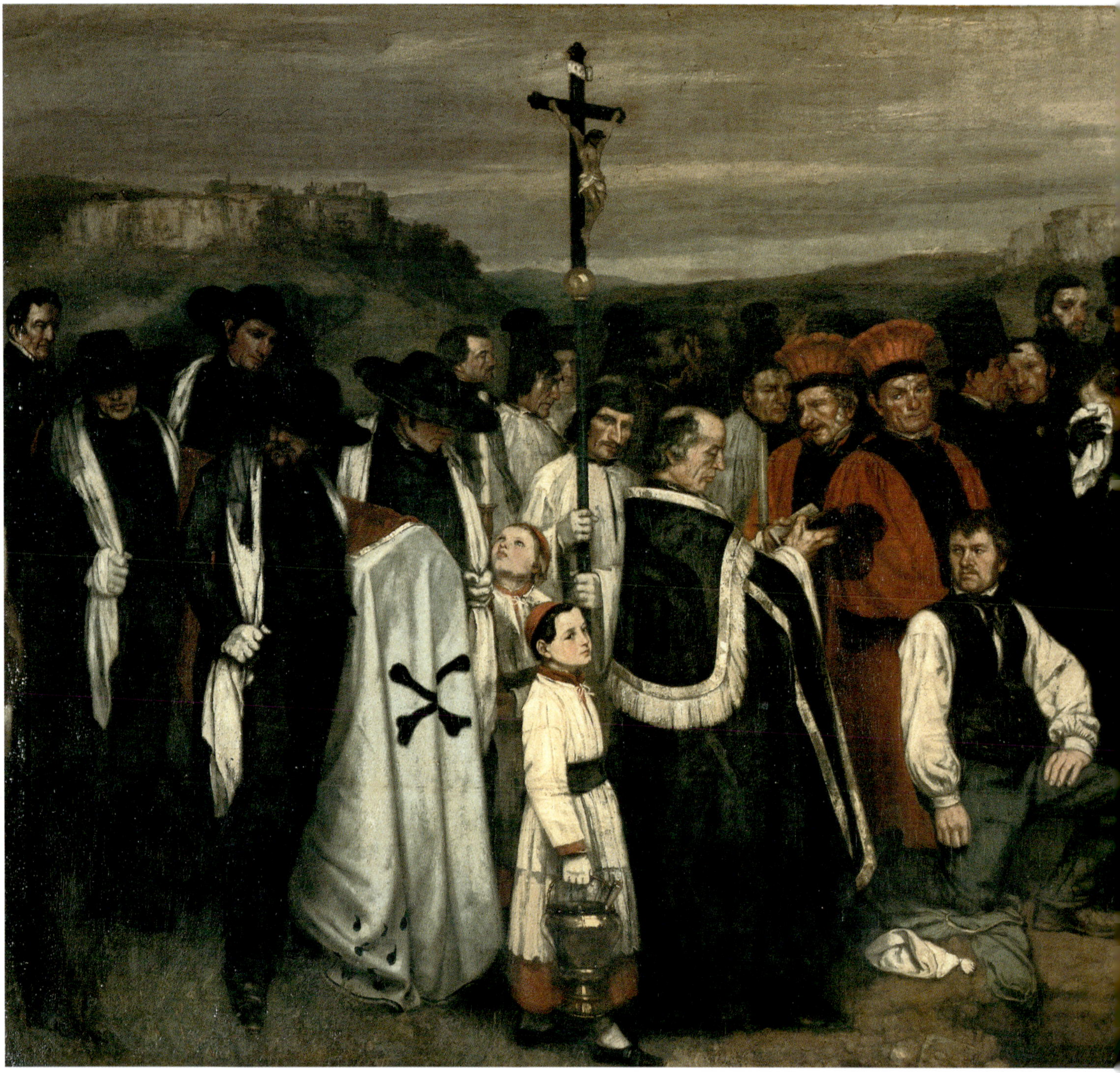

Un enterrement à Ornans, 1849-1850, huile sur toile, H. 515 × L. 668 cm.
Paris, musée d'Orsay

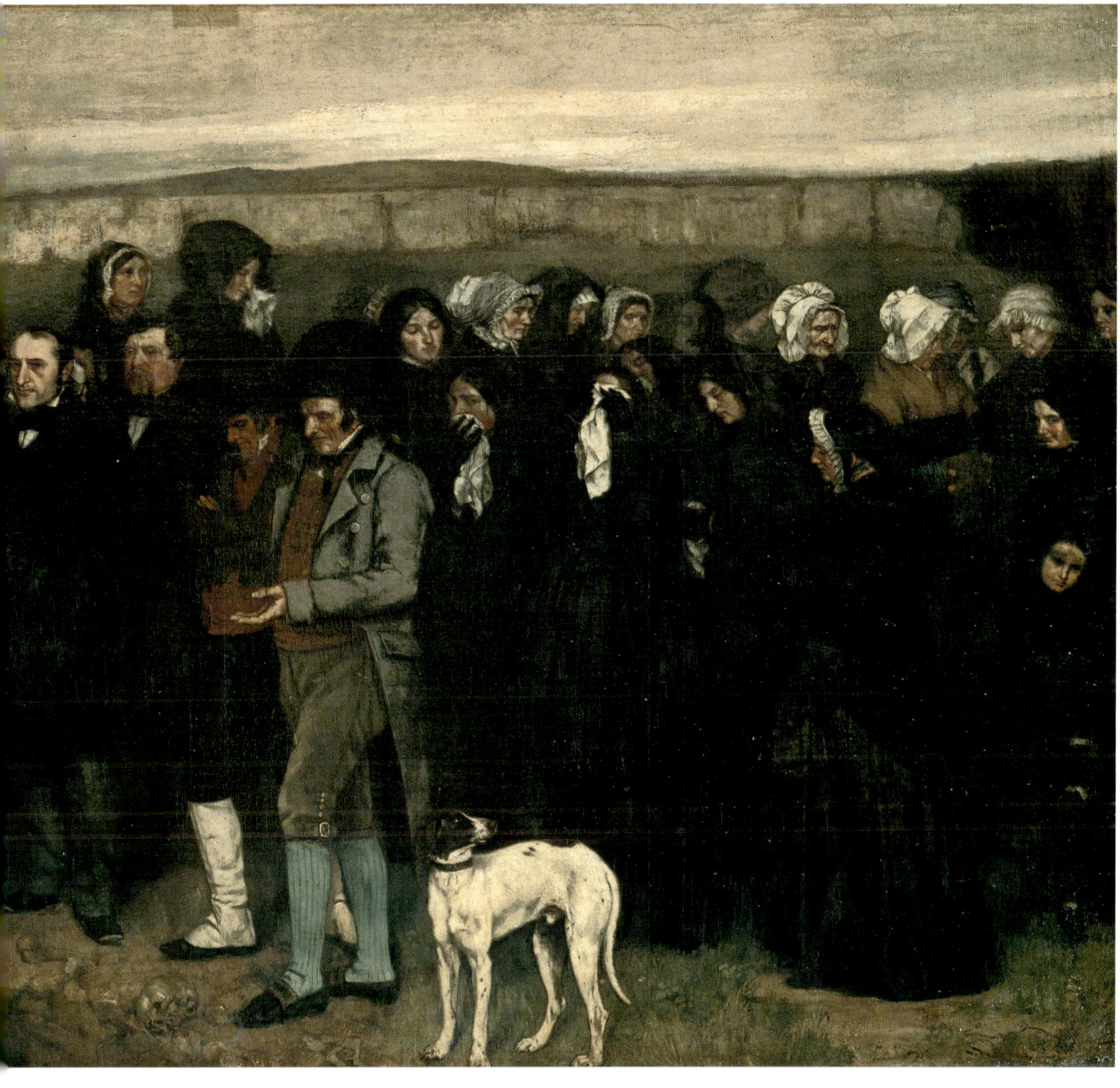

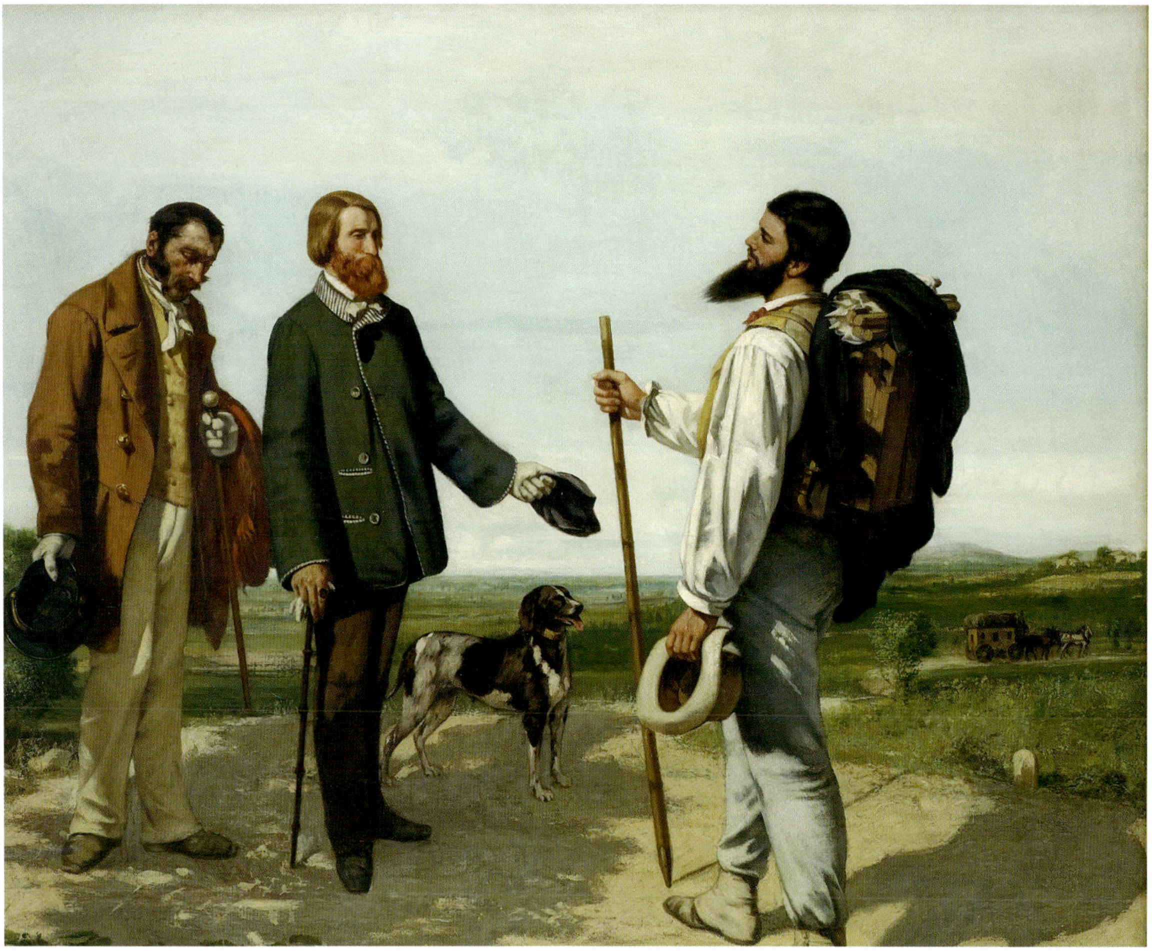

La Rencontre ou *Bonjour Monsieur Courbet*, 1854, huile sur toile, H. 132 × L. 150,5 cm. Montpellier, musée Fabre

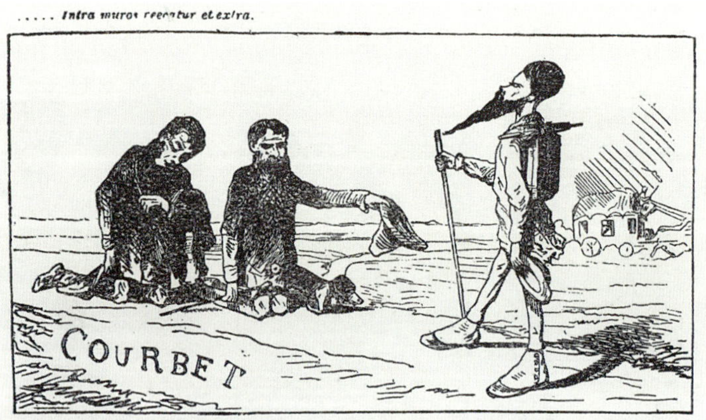

Caricature de Quillenbois, « L'adoration de M. Courbet, imitation réaliste de l'adoration des Mages », *L'Illustration*, 21 juillet 1855.

une création exercée dans une liberté farouchement revendiquée.

Courbet considérait le contexte du Salon, systématiquement conflictuel à son égard, insatisfaisant et insuffisant quant à l'écho public qu'il entendait donner à ses œuvres. Outre l'envoi régulier de toiles à l'étranger, débutant avec la présentation d'*Un enterrement à Ornans* à Francfort en 1852, l'idée d'une exposition personnelle payante apparaissait dans sa correspondance dès 1854. Le Pavillon du Réalisme fut construit par un architecte franc-comtois, Léon Isabey, à côté de l'Exposition universelle, où le peintre présentait onze œuvres. Omniprésent, à la fois accepté et refusé, Courbet s'imposait au sein et au-dehors d'une manifestation où l'on célébrait les deux gloires de la génération romantique vieillissante, Ingres et Delacroix, qui bénéficiaient tous deux de rétrospectives. L'artiste, alors âgé de trente-six ans, accomplissait un geste audacieux qui n'avait eu qu'un seul précédent en France, l'exposition payante décidée par David de *L'Enlèvement des Sabines* dans son atelier en 1799. Cinquante-six ans plus tard, Courbet proposait au visiteur de son « exhibition » une brochure contenant la liste des œuvres exposées, précédée d'un court texte intitulé « Le Réalisme ». La déclaration fut d'une importance capitale dans l'histoire de la théorie artistique et de l'indépendance de l'artiste moderne. Nous renseignant peu sur les méthodes ou les pratiques de Courbet, refusant le témoignage ou l'anecdote biographique, l'avant-propos révélait une intention programmatique, une vision d'artiste, qui dépassait largement le cadre de l'exposition qu'il accompagnait. Parallèlement, le terme qui fut systématiquement appliqué à *L'Atelier du peintre* à partir des années 1920 s'étendait peu à peu à l'ensemble des œuvres emblématiques du début des années 1850. Bien que l'entreprise fut un échec financier, le peintre sut que cette autonomie était indissociable de l'appel contemporain envers une expression déliée des recettes académiques. Il réitéra donc son geste en marge de l'Exposition universelle de 1867, avec un pavillon installé au rond-point de l'Alma. Aucune déclaration théorique n'accompagnait cette fois la manifestation. La peinture se suffisait à elle-même, mais surtout Courbet n'était plus seul à défier les conventions et à défendre une certaine conception de l'artiste. Manet s'était lui aussi lancé dans l'aventure d'une exposition personnelle, faisant de l'indépendance une valeur définitivement moderne.

L. C.

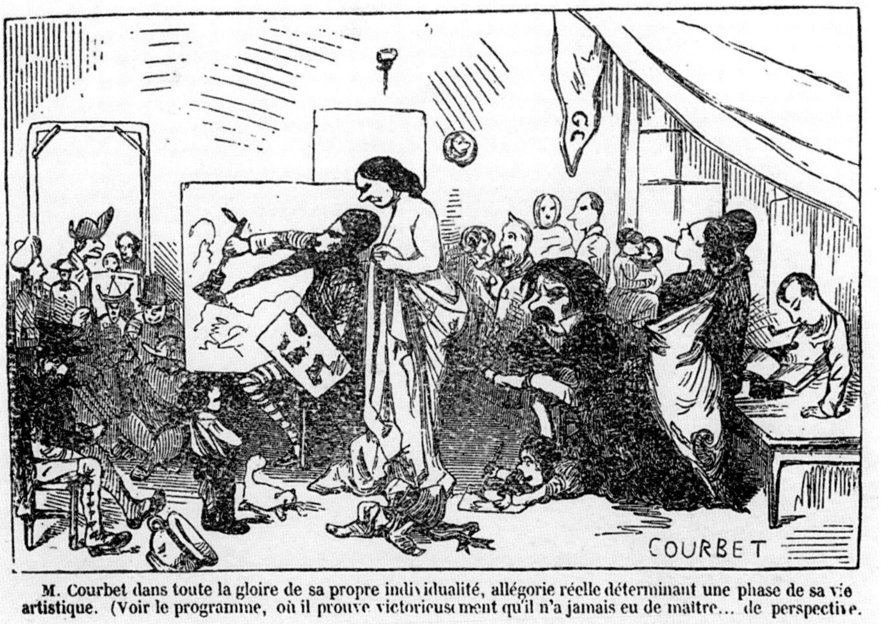

Caricature de Quillenbois, « M. Courbet dans toute la gloire de sa propre individualité, allégorie réelle déterminant une phase de sa vie artistique. (voir le programme, où il prouve victorieusement qu'il n'a jamais eu de maître... de perspective) », *L'Illustration*, 21 juillet 1855. Caricature de *L'Atelier du peintre*

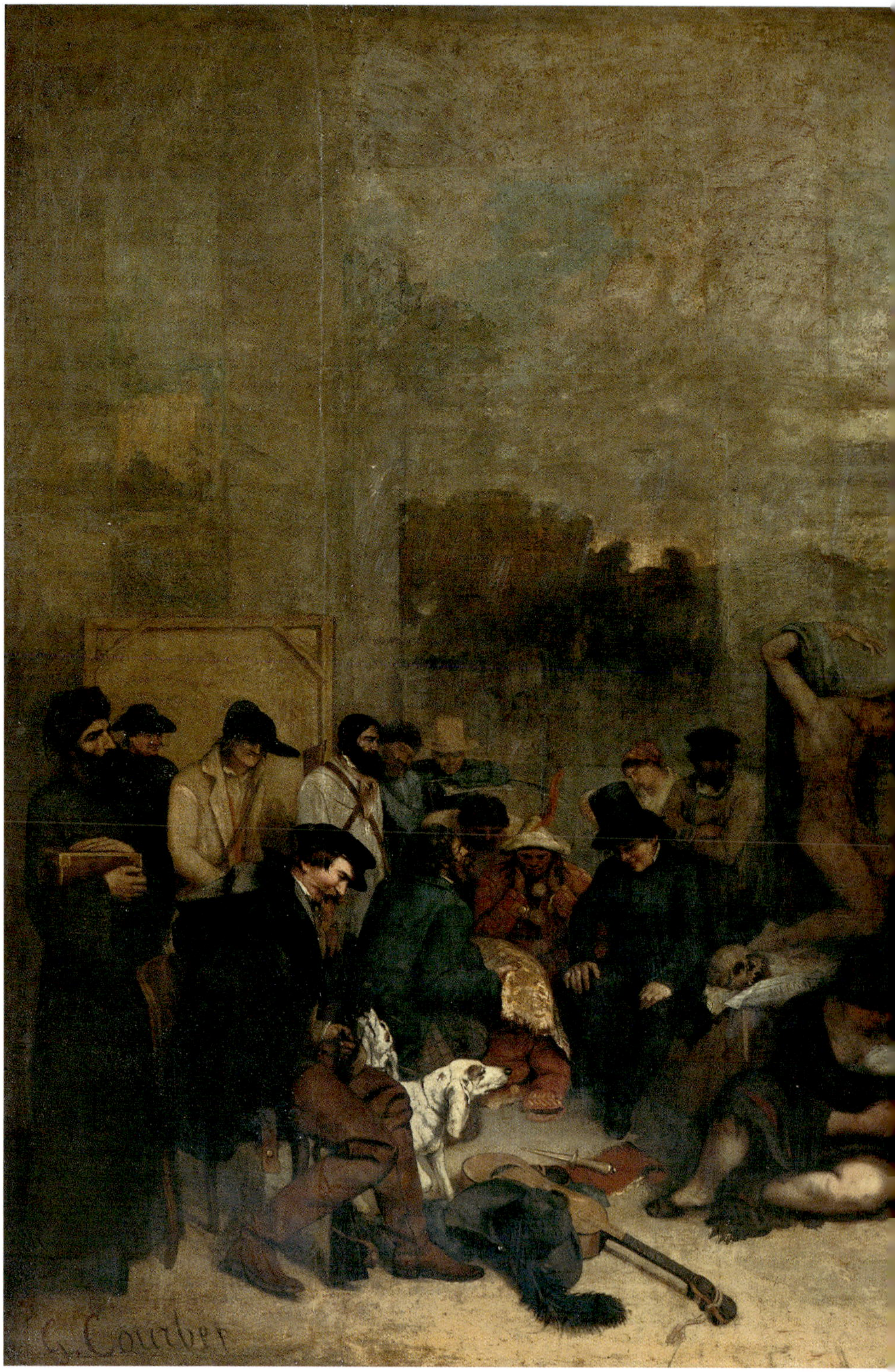

L'Atelier du peintre, allégorie réelle déterminant une phase de sept années de ma vie artistique, 1855, huile sur toile, H. 359 × L. 598 cm. Paris, musée d'Orsay

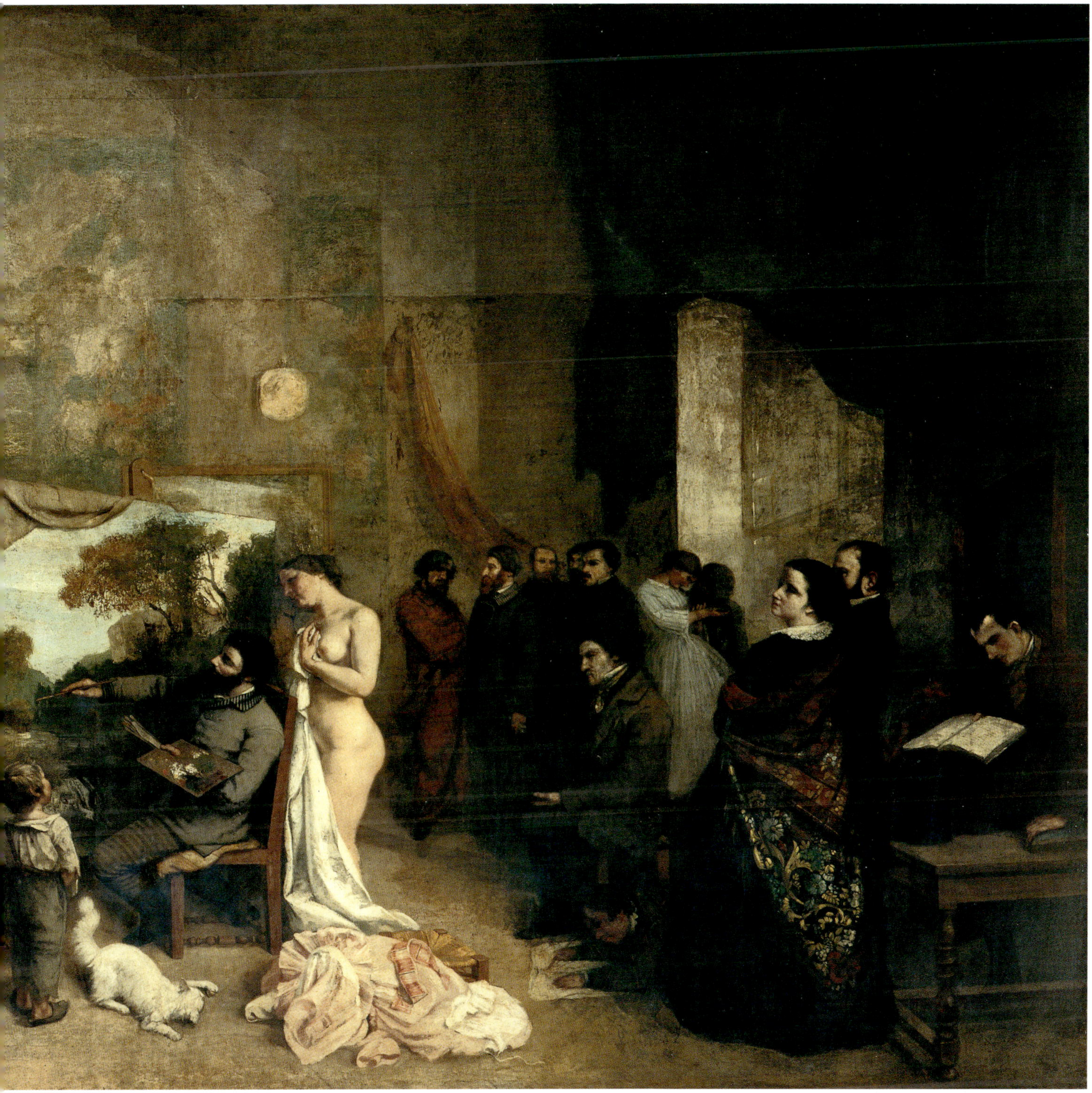

Courbet paysagiste

Courbet fut avant tout un peintre de paysage. En effet, ce genre constitue au total près des deux tiers de sa production. Sa démarche comme paysagiste tendit à faire sienne la réalité d'un site, par un sentiment de proximité avec le motif. Dans cette révolution du regard, les principes techniques qui sous-tendaient la composition, l'usage de la couleur et la densité des matières furent complètement bouleversés pour pouvoir dire la structure et l'essence des motifs, au-delà de leurs apparences.

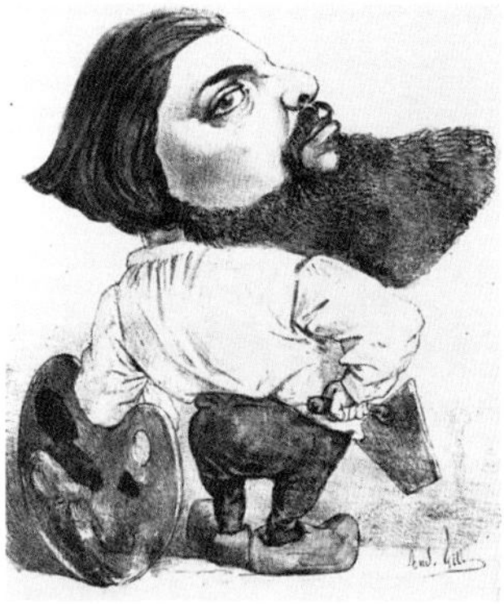

Caricature d'André Gill, *Nouveau Panthéon charivarique (n° 18)-G. Courbet*

« Pour peindre un paysage, il faut le connaître. Moi, je connais mon pays, je le peins ! », annonçait Courbet. La nature franc-comtoise demeura de fait la mesure fondamentale de ses paysages. Cet attachement à sa région natale fonda la première originalité de la peinture du Courbet paysagiste, à savoir l'inédit de son objet. « Il découvrit des terres vierges où personne n'avait encore posé le pied, des aspects et des formes de paysage dont on peut dire qu'ils étaient inconnus avant lui. Il gravit les hauteurs libres où les poumons se dilatent ; il s'enfonça dans les antres mystérieux ; il eut la curiosité des lieux innommés, des retraites ignorées », analysait Castagnary dans sa préface de l'exposition rétrospective de l'École des beaux-arts en 1882. Le haut plateau calcaire dans lequel des rivières comme la Loue ont découpé de profondes vallées, le contraste permanent entre ces encaissements verdoyants et ombragés, et la nudité aride des hautes terres forment les repères de l'espace très circonscrit que fut la Franche-Comté de Courbet.

Si le grand développement du paysage courbetien eut lieu après 1855, il convient cependant de rappeler que le genre accompagna quelques-unes des déclarations inaugurales du peintre – nous songeons ici à l'arrière-plan d'*Un enterrement à Ornans*. Dès 1844, et la première admission au Salon, l'*Autoportrait au chien noir* où Courbet posait en dandy promeneur, faisant le lien entre la bohème parisienne et son pays natal, un rapport original de l'artiste au paysage se mettait en place.

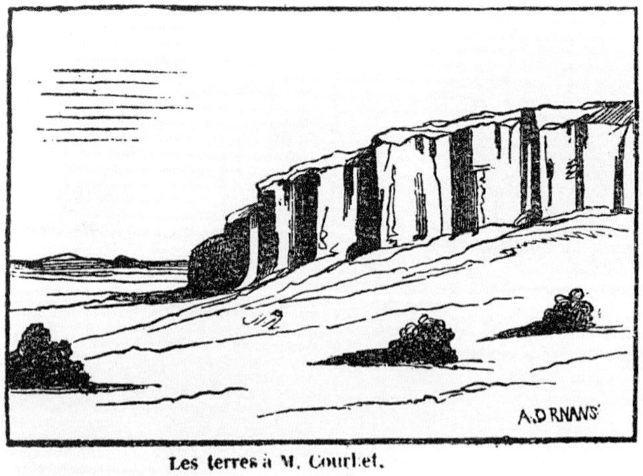

Caricature de Quillenbois, « Les terres à M. Courbet », *L'Illustration*, 21 juillet 1855.

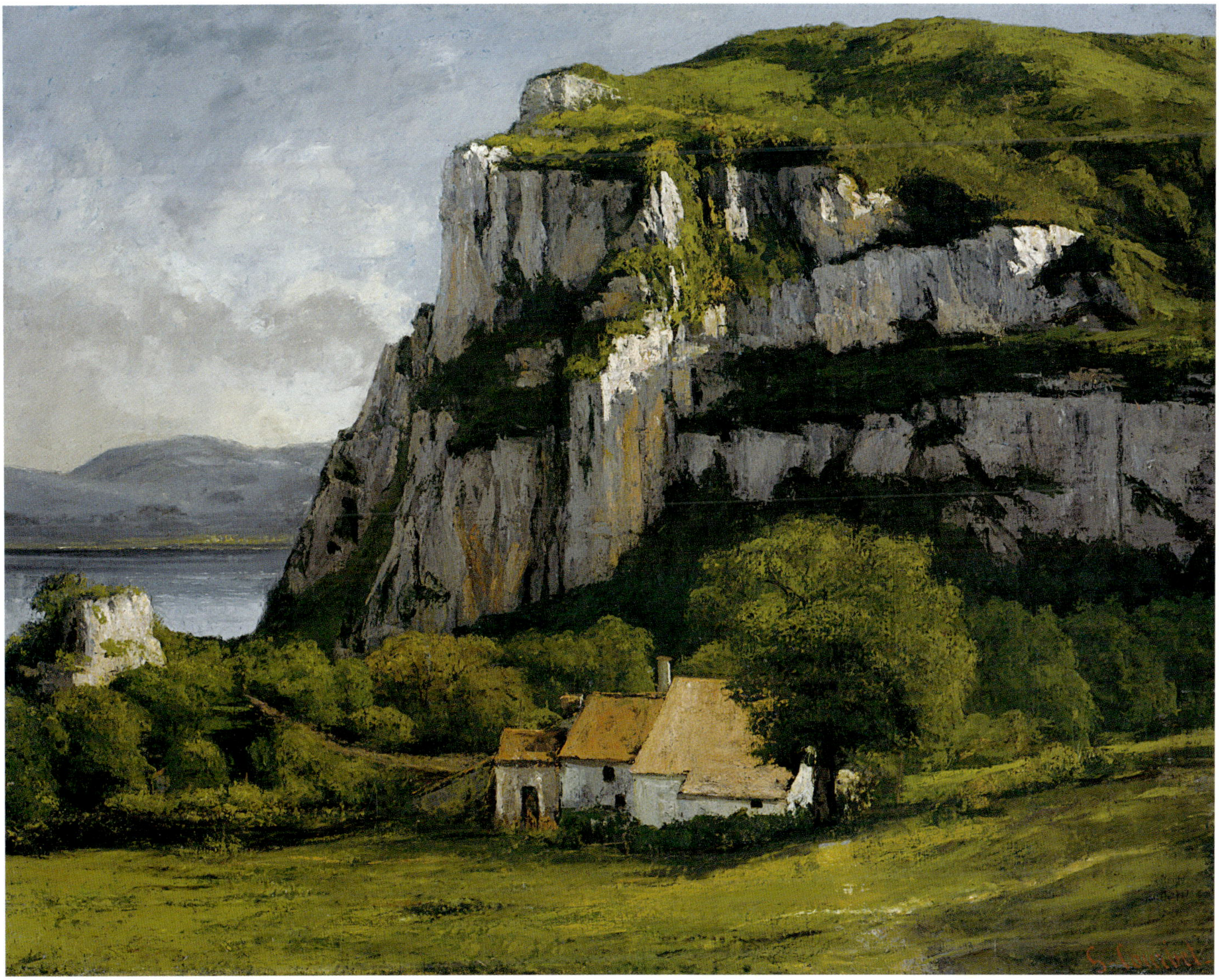

La Roche de Hautepierre-Mouthier, vers 1860, huile sur toile, H. 80 × L. 100 cm.
Chicago, The Art Institute, Emily Crane Chadbourne Fund

Pour trouver sa propre voie dans un domaine florissant au milieu du XIXe siècle, le peintre assimila autant la fin d'une tradition néoclassique que la montée en puissance d'une veine naturaliste. *Le Château d'Ornans* ou *L'Orée de la forêt* marquent chacun à leur manière les deux pôles entre lesquels Courbet oscilla avant d'envisager le paysage dans une radicalité de la vision et de la technique assez irréductible aux rapprochements et aux comparaisons.

Prenant souvent des libertés avec la vérité des sites, n'en retenant que les éléments les plus saillants visuellement, l'artiste délimite une géographie intime, dominée par l'idée de retrait et de solitude. Les séries des *Puits-Noirs* et des *Sources de la Loue*, les plus secrets et les plus personnels des repères de Courbet, portaient dans leur chair même le déni des conventions techniques qui prônaient l'illusionnisme en creusant une perspective par ajouts de plans succes-

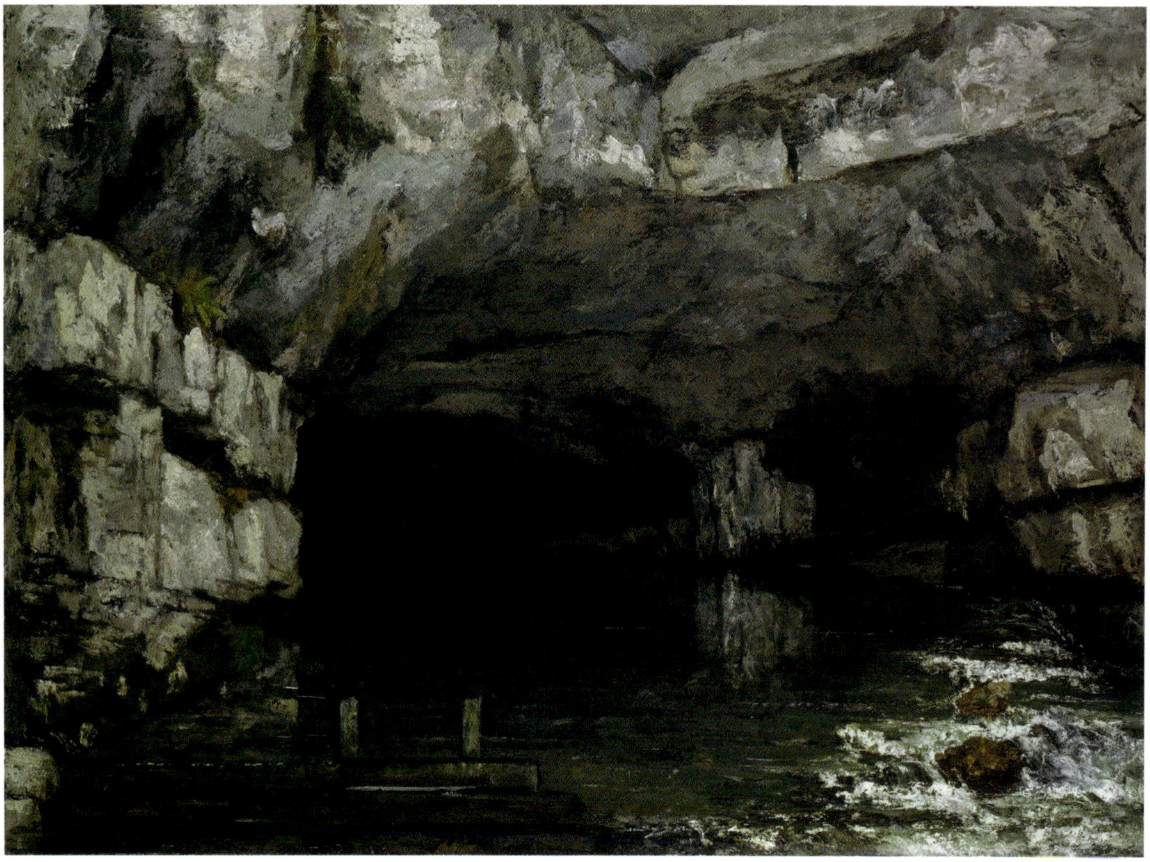

La Source de la Loue, 1864, huile sur toile, H. 97 × L. 130 cm. Hambourg, Hamburger Kunsthalle

sifs et de gradations colorées. L'emploi d'un fond noir anéantissait les conventions en ramenant le tableau à sa planéité, à son essence pigmentaire, ici densifiée dans une pâte épaisse, appliquée avec un couteau à palette laissant ouvertement sa marque sur la surface de la toile. Dans la série des *Sources de la Loue*, Courbet dépouille la composition de toute touche pittoresque et humaine, osant placer le vide et l'obscur au centre du tableau, et ne se préoccupant que de la densité de la matière, des eaux sombres et insondables aux roches stratifiées.

Les paysages de Franche-Comté et les marines inaugurées lors du premier séjour montpelliérain, et prenant leur véritable ampleur en Normandie au milieu des années 1860, constituent les deux axes essentiels du genre chez Courbet. Ces deux développements parallèles se rejoignirent lorsque

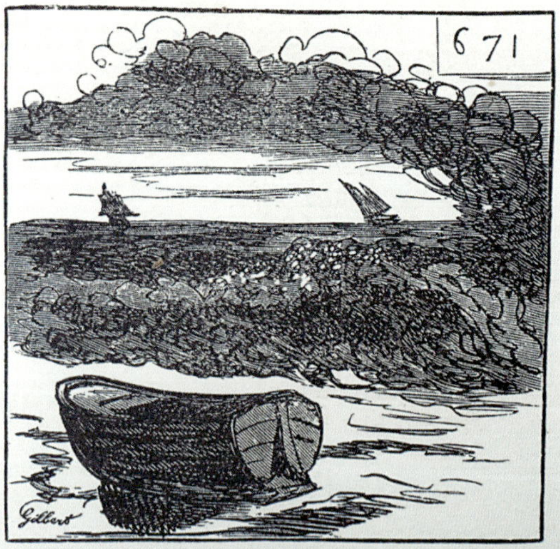

671. — COURBET.
La mer noire à Etretat. Tellement haute qu'on aperçoit des vagues dans le ciel.

Caricature de Cham, « La Falaise d'Etretat après l'Orage », dans *Cham au Salon de 1870*.

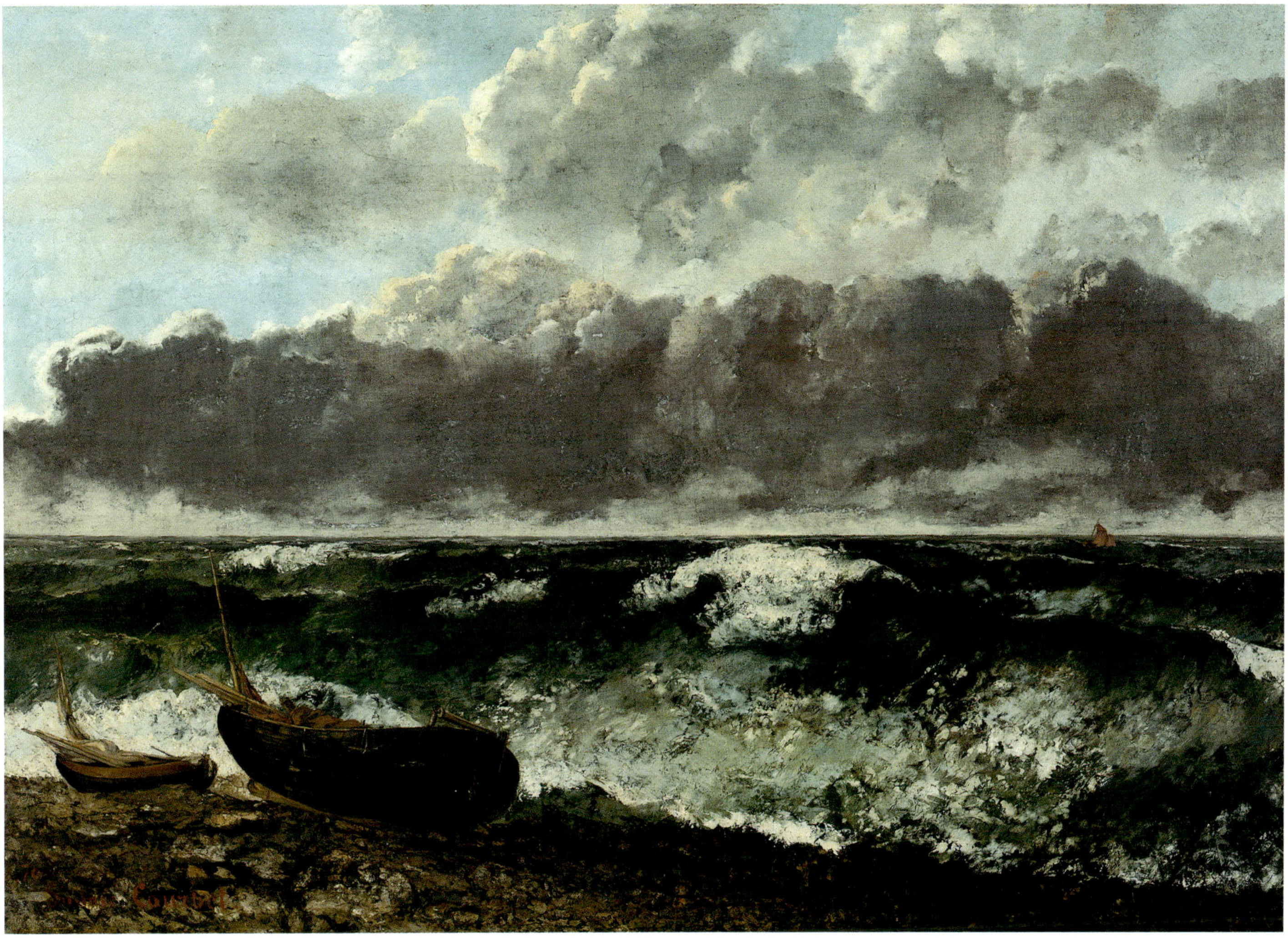

La Mer orageuse, dite aussi *La Vague*, 1869, huile sur toile, H. 117 × L. 160 cm.
Paris, musée d'Orsay

la puissance arrêtée des *Vagues* acquit la force tellurique et la minéralité des *Grottes de la Loue*. Les compositions horizontales des bords du lac Léman renvoyaient aux toiles normandes, et la grandeur un peu solennelle d'Étretat trouvait un écho dans *Le Château de Chillon*, dont le romantisme crépusculaire évoquait un monde intérieur qui se refermait sur lui-même.

Réalisant pleinement le projet d'une allégorie réelle, le paysage étendait son empire à tous les domaines, accompagnant de ce fait les régulières transgressions des genres entreprises par l'artiste. La solitude ultraféminisée des *Sources de la Loue* dit assez ce que le corps de la femme et la nature secrète de la Franche-Comté partagent au sein du monde de Courbet. Des *Baigneuses* à *La Source*, les sous-bois familiers s'imposent comme les seuls décors possibles des nus les plus audacieux du peintre, de même qu'ils formèrent l'arrière-plan des scènes de chasse érigées aux dimensions de la peinture d'histoire. Pour accomplir ces réinventions, Courbet avait besoin de les ramener à une nature originelle, filtrée par le souvenir et recomposée par l'imagination.

L. C.

La tentation moderne

Après l'Exposition universelle de 1855 et celle du Pavillon du Réalisme, Courbet reprit en 1857 le cours normal de ses participations au Salon. L'administration impériale venait de modifier le règlement de la manifestation, et pour la première fois depuis la médaille d'or obtenue avec *Une après-dînée à Ornans*, le peintre dut soumettre ses envois au jury. L'épreuve fut passée sans peine, mais cette mansuétude officielle constituait le premier indice de changements dans l'œuvre de Courbet. Parmi les tableaux exposés, *Les Demoiselles des bords de la Seine*, le *Portrait de M. Gueymard dans le rôle de Robert le Diable*, *La Curée* marquaient de nouvelles directions que l'artiste n'allait cesser d'explorer dans les années suivantes.

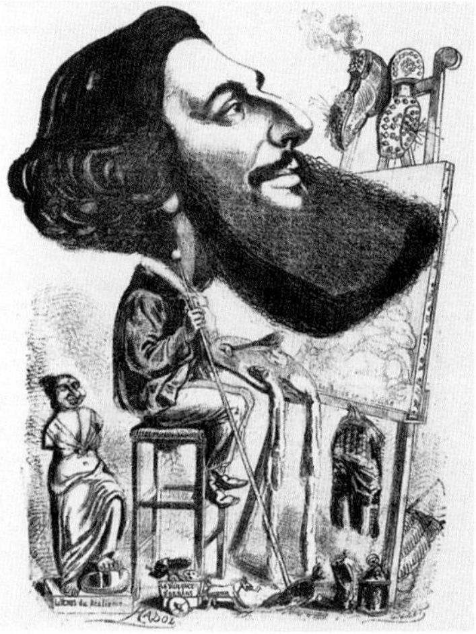

Caricature d'Hadol,
(Courbet peignant
Les Demoiselles des bords
de la Seine), 1857

Rompant avec sa production antérieure, Courbet s'aventurait vers le sujet contemporain et offrait avec *Les Demoiselles des bords de la Seine* une scène de mœurs qui ne devait rien au monde rural à l'identité régionale si particulière qui avait jusque-là régulièrement inspiré les points d'orgue de sa peinture. Commencé en 1856 à Ornans, le tableau reposait la question classique de la figure dans un paysage, en revisitant les modèles des scènes courtisanes de Giorgione et Titien à l'aune des plaisirs à la mode des bords de Seine. Bousculant à son aise la tradition pour mieux l'actualiser, Courbet faisait œuvre de pionnier. Avec ce regard porté sur une réalité inédite dans la peinture du temps, l'artiste sembla, pour ses soutiens comme pour ses détracteurs, s'inventer une autre identité. La rupture touchait aussi à cette manière ample et généreuse mise soudain au service de la légèreté de ton et de l'éphémère de la mode. Les grandes certitudes du réalisme militant et frondeur s'éloignaient. Pourtant, Courbet n'aborda jamais directement à nouveau un thème issu de la vie contemporaine, laissant à la génération de la « Nouvelle Peinture » le soin de faire fructifier la leçon insolente des *Demoiselles des bords de la Seine*. La liberté conquise sur les obligations morales d'une peinture chargée de sens se traduisit par un vaste élan sensuel refusant les cantonnements d'usage. Ce ne furent pas seulement les corps des femmes qui prirent part à cette célébration de la réalité, mais aussi les animaux ou les fleurs observés dans leur beauté et leur fragilité, de même que les paysages, cernés au plus près de leur puissance expressive. Sans enjeux politiques ou sociaux ostensibles, la peinture se dépouilla de son premier ténébrisme pour des accords plus clairs, des défis de textures, aux allures de pures variations esthétiques.

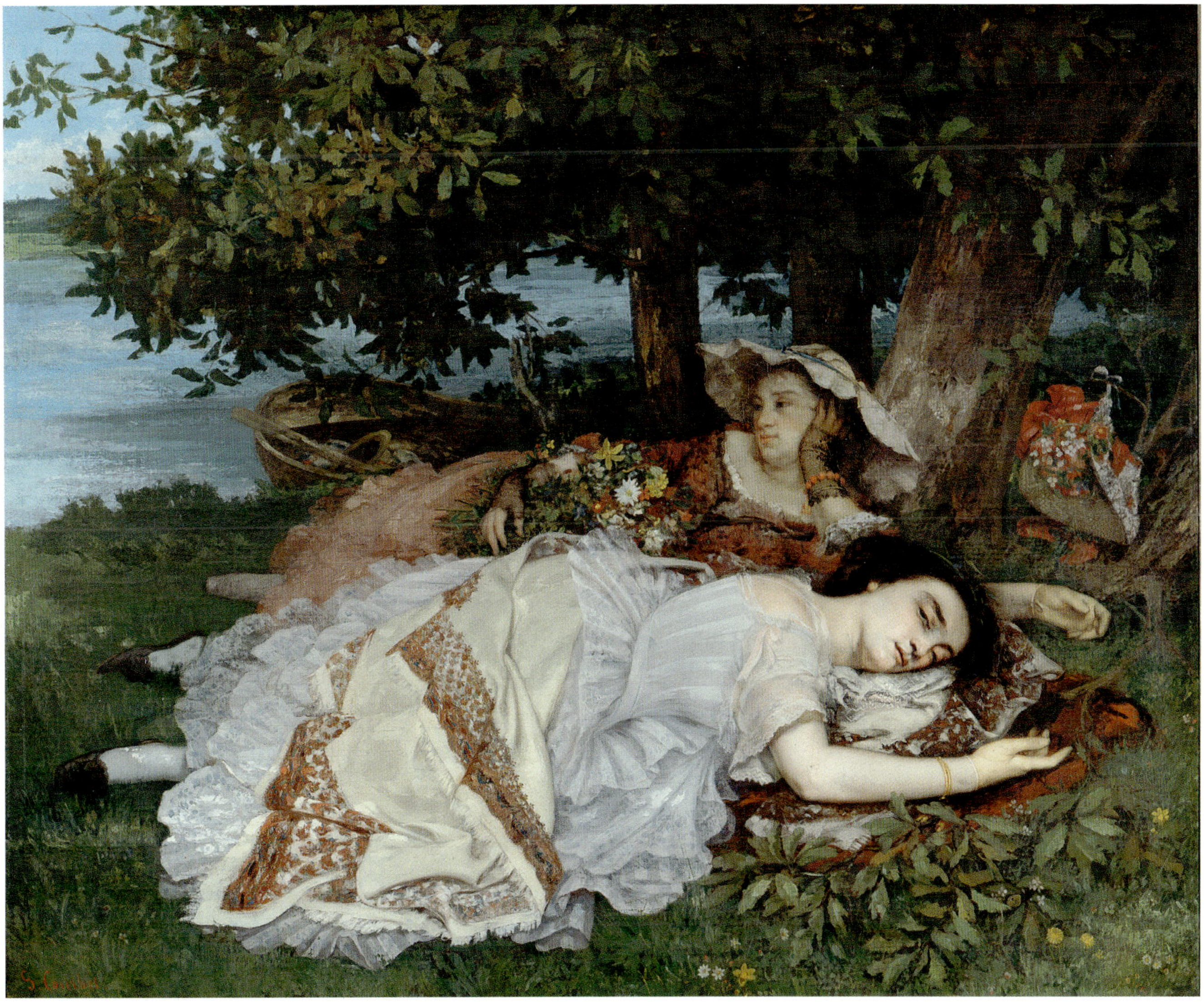

Les Demoiselles des bords de la Seine (été), 1856-1857, huile sur toile, H. 174 × L. 200 cm.
Paris, musée du Petit Palais

Au sein de cette expression plus sensible à la cause moderne, les portraits peints pendant les années 1860 forment un ensemble resserré, mais très révélateur des tensions qui animèrent l'art de Courbet à cette période. Au cours de ses séjours à Trouville en 1865 et à Deauville l'année suivante, l'artiste se découvrit une vocation de portraitiste mondain, certes tardive et fugitive, mais qui le vit frayer, dans une jubilation évidente, avec une haute société cosmopolite, rendue plus accessible par les conventions assouplies de la vie en villégiature. Les portraits des frères Nodler, auxquels

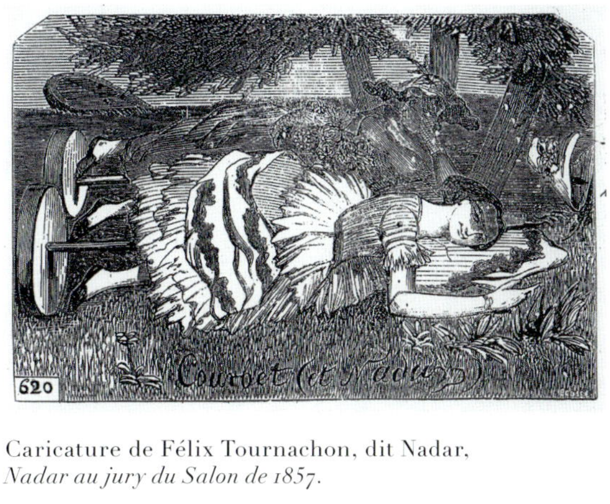

Caricature de Félix Tournachon, dit Nadar,
Nadar au jury du Salon de 1857.

il faut ajouter *Les Lévriers du comte de Choiseul*, révèlent un peintre souscrivant avec brio aux codes du genre et entretenant sciemment un dialogue avec les portraitistes les plus marquants de l'époque. L'homme, qui s'était tant raconté directement ou indirectement dans sa peinture, s'adaptait à ses modèles, à leur psychologie comme à leurs exigences sociales. Dans cet exercice redoutable du tableau de commande, *a priori* si loin de la franchise de l'artiste, Courbet ne s'est pourtant pas perdu, restant maître du jeu et inventif. Ainsi, *Les Lévriers du comte de Choiseul* devinrent, sous son pinceau, l'enjeu d'un vrai portrait animalier aristocratique, doublé d'une des plus saisissantes inflexions esthétiques inspirées par la mer, rappelant le rôle privilégié qu'elle joua dans l'éclaircissement de sa palette.

Le statut plus ambigu des « autres figures en tableaux » peints en Normandie, entre portraits, scènes de genre et variations whistleriennes, confirmait autant qu'il posait les limites des vertus « modernistes » de ces séjours cruciaux. Au plus proche de la dissolution des genres et de l'émergence du sujet moderne, Courbet restait irréduc-

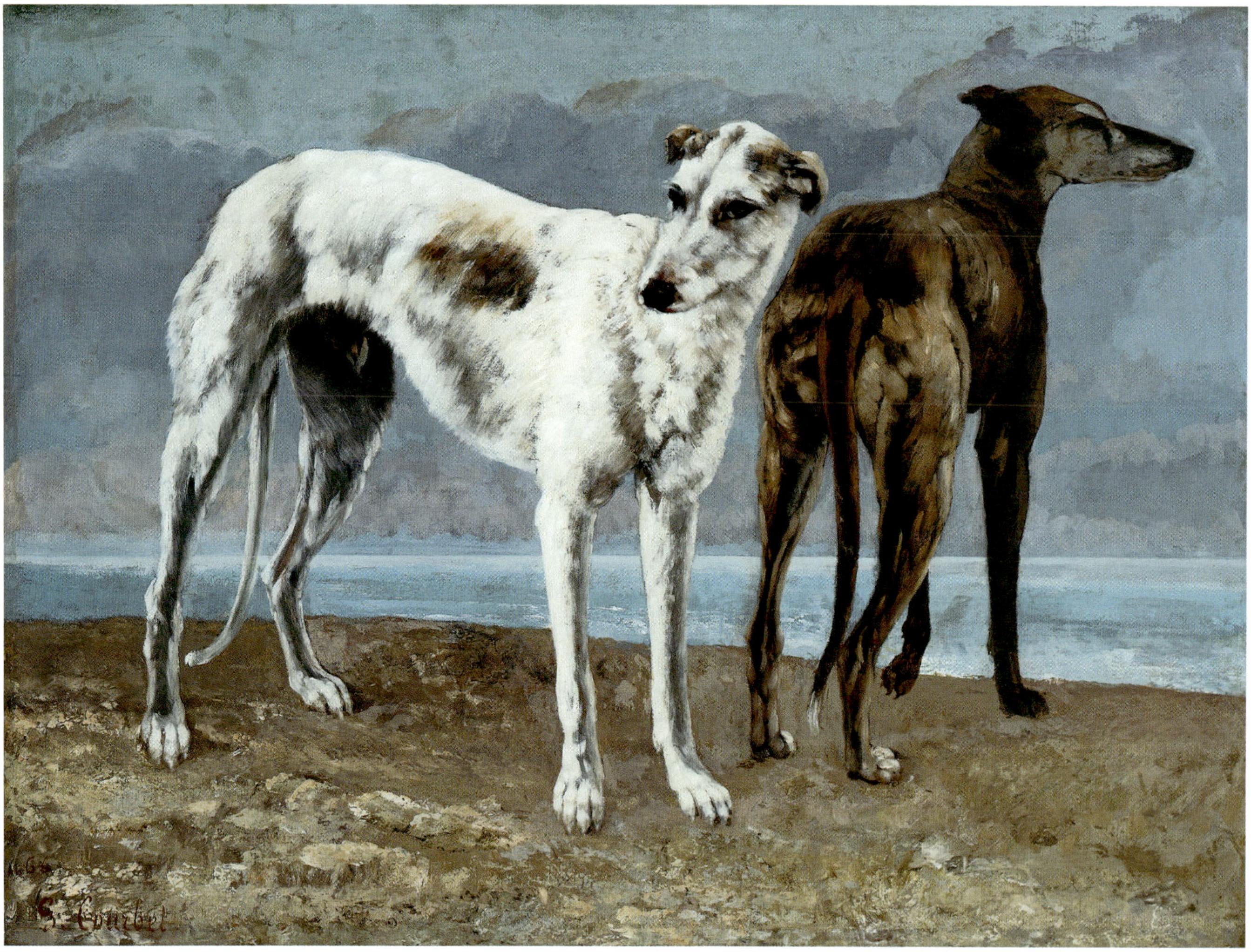

Les Lévriers du comte de Choiseul, 1866, huile sur toile, H. 89 × L. 117 cm.
Saint-Louis, The Saint-Louis Art Museum, don de Mrs. Mark C. Streinberg

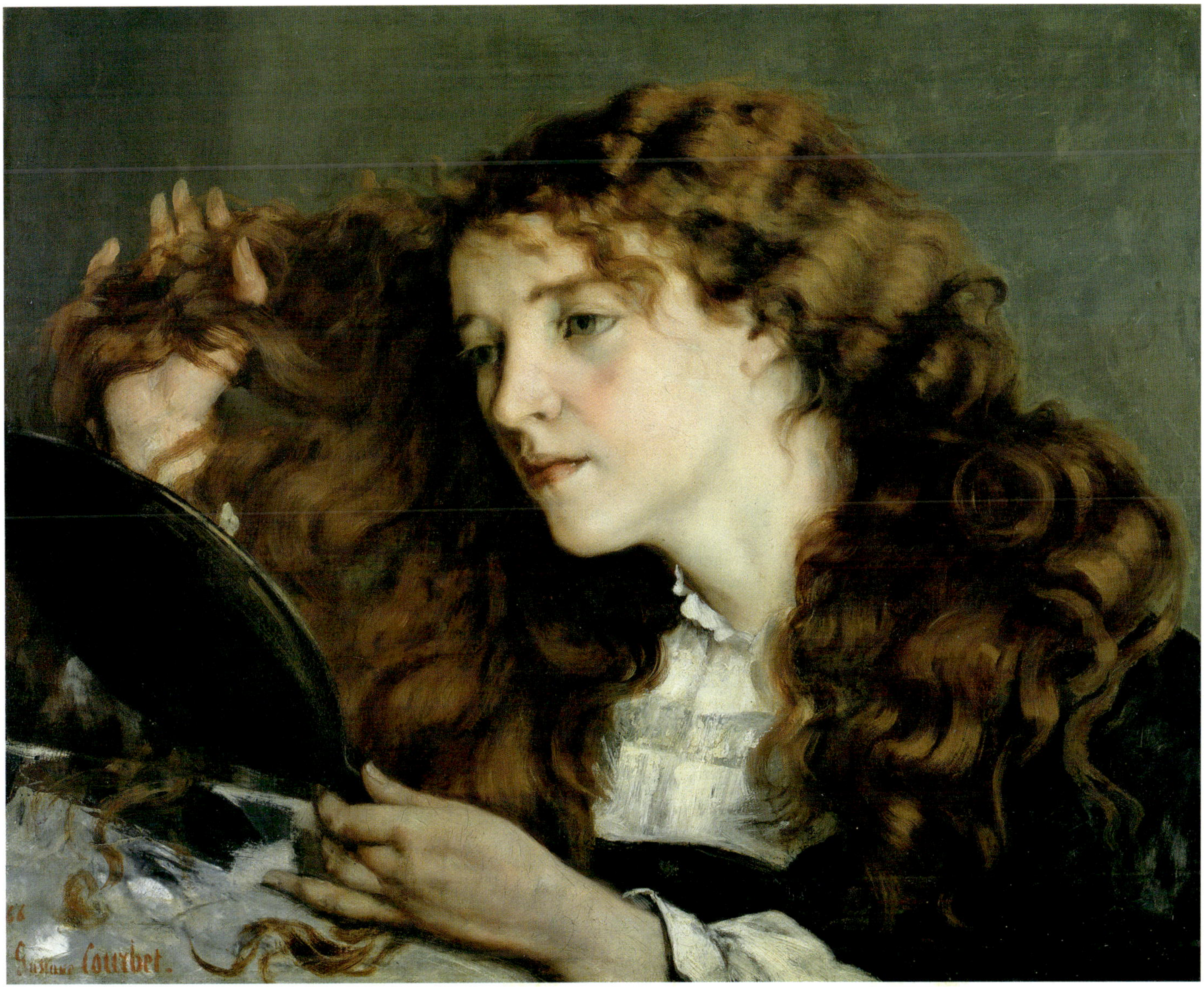

Jo, la belle Irlandaise, 1866, huile sur toile, H. 54 × L. 65 cm.
Stockholm, Nationalmuseum

tible à la célébration des nouveaux plaisirs trop inscrits dans le temps et la mode. Il continuait à trouver le ton juste dans une poétique plus intemporelle. Ainsi, Joanna Hifferman, l'héroïne des jours heureux passés avec Whistler à Trouville, accompagna la métamorphose familière à l'univers de l'artiste, qui menait du portrait à la figure. Devenue *Jo, la belle Irlandaise*, la beauté préraphaélite rejoignait et incarnait à son tour l'idéal féminin d'un peintre fidèle à lui-même. Ce qui se joua pendant une dizaine d'années dans la peinture de Courbet ne tenait pas tant à une hypothétique trahison des idéaux de jeunesse au profit d'une reconnaissance sociale et commerciale qu'à une conversion au beau. Maîtrisé et assumé par l'artiste, ce nouveau parti le rapprochait de ses héritiers les plus doués et les plus remuants, pour accomplir, partiellement et à sa manière, le chemin qui menait du « vrai » au « moderne ».

L. C.

Le nu, la tradition transgressée

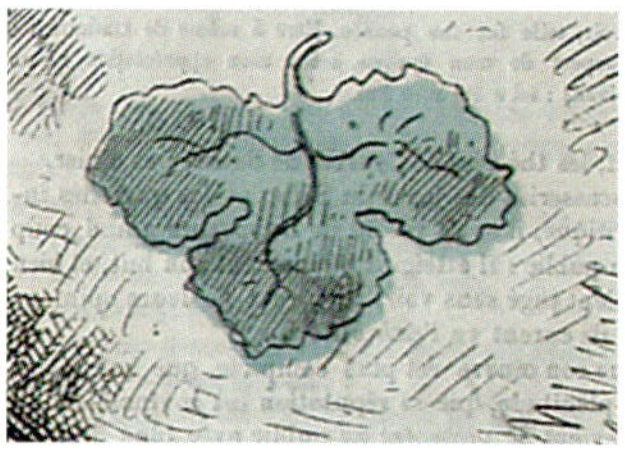

Les premiers nus de Gustave Courbet datent des années 1840. Bien que sans doute réalisés à Paris, ils ont pour cadre la forêt et les sources franc-comtoises. D'emblée, l'artiste s'inscrit dans une des traditions essentielles de la peinture occidentale : l'inclusion d'une figure nue dans un paysage. La représentation du nu féminin chez Courbet est complexe, les enjeux multiples. Le peintre est animé par une volonté profonde de marquer son temps et l'histoire de son art : en 1853, lorsqu'il envoie au Salon *Les Baigneuses*, il obéit à une stratégie délibérée. Cette présentation est un nouveau scandale. La toile choque jusqu'au couple impérial, autant au nom de la morale picturale que de son esthétique.

En peignant une femme d'âge mur, aux formes robustes, à la chair marquée par les années et l'embonpoint, Courbet rompait avec les codes étroits de la représentation de la nudité féminine. Si la pose demeurait classique – celle d'une *Source* –, le traitement des deux baigneuses s'avérait profondément novateur : la chair puissante, rendue sans concession à une beauté idéale, le détail des vêtements épars, soulignant que cette femme nue était une femme « vraie », venant de se déshabiller, mais aussi la juxtaposition des figures, dont le lien entre elles échappe, contribuent à créer le manque d'intelligibilité de la scène.

La sensualité des nus de Courbet est éblouissante : ses femmes nues sont tout en courbes et en force ; la beauté de leurs chairs, leur splendeur épanouie, la densité de leurs rondeurs, la clarté de leurs carnations affleurent à la surface de la toile, emplissent la composition. Son refus d'un traitement pacifié et lisse de la chair, sa volonté farouche de peindre des femmes réelles, des femmes à chaque fois uniques et différentes,

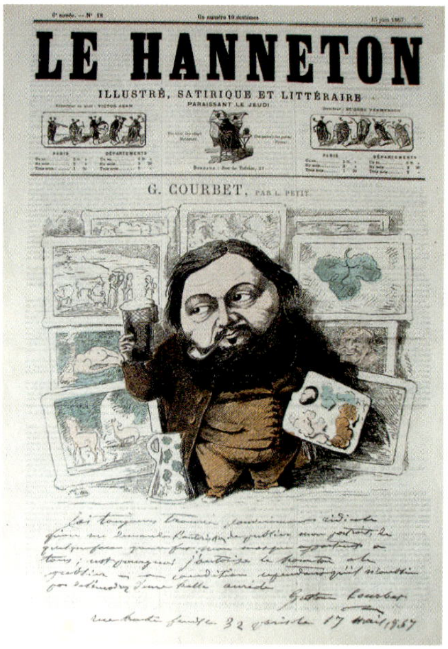

Caricature de Petit, *L'origine*, *Le Hanneton*, 13 juin 1867
« J'ai toujours trouvé foncièrement ridicule qu'on me demande l'autorisation de publier mon portrait de quelque façon que ce fut. Mon masque appartient a tous ; c'est pourquoi j'autorise le Hanneton a le publier à une condition cependant, qu'il n'oublie pas de l'encadrer d'une belle auréole.
Gustave Courbet rue haute feuille 32 paris le 17 mai 1867 »

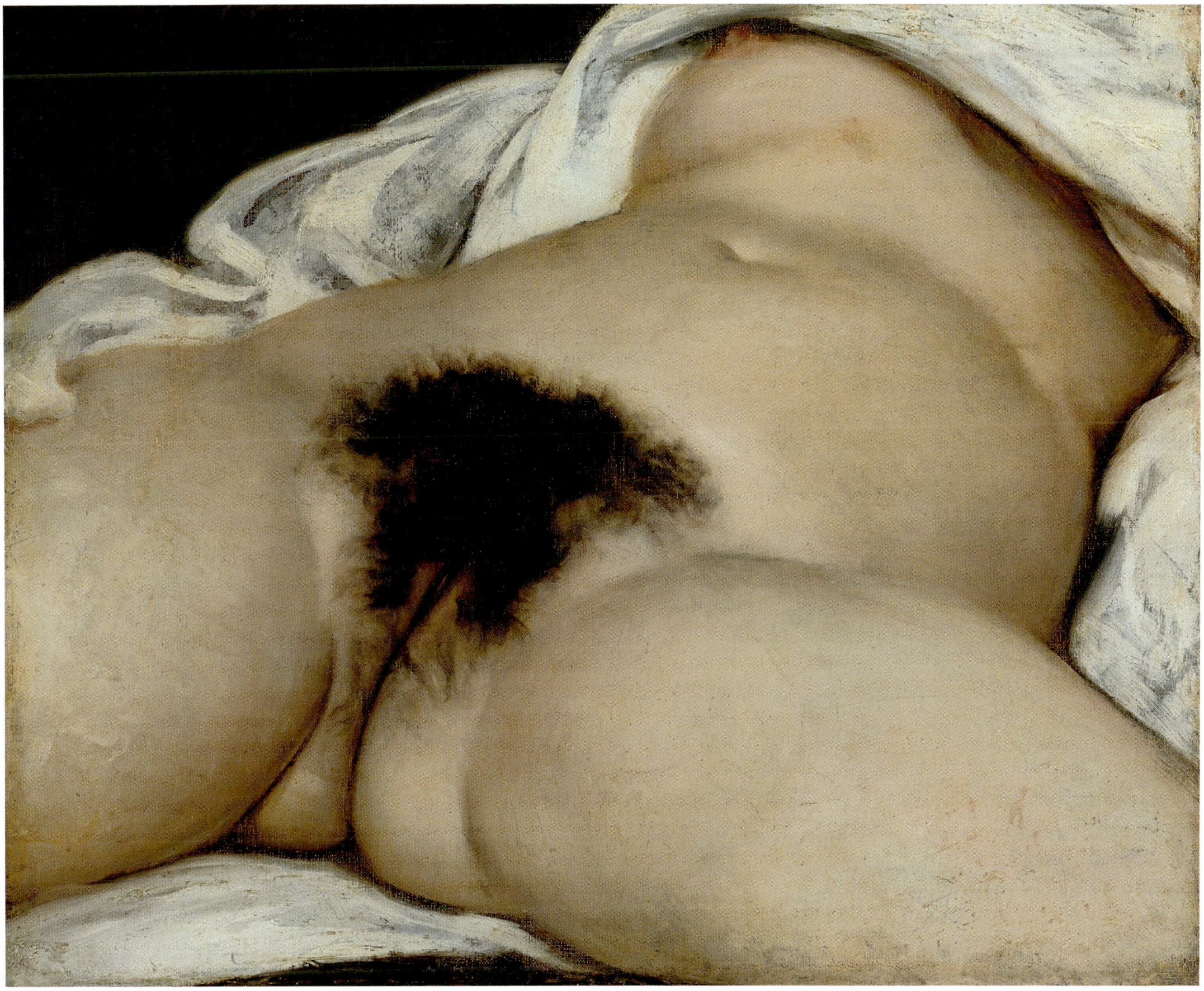

L'Origine du monde, 1866, huile sur toile, H. 46 × L. 55 cm.
Paris, musée d'Orsay

en rupture avec le concept d'une beauté recomposée, contribuèrent à susciter des interrogations sur leur identité et la nature des liens qui les unissaient à l'artiste. Le modèle photographié suppléa parfois au modèle vivant. La difficulté de trouver, à Ornans, une femme susceptible de se déshabiller pour poser, explique, en partie, l'utilisation d'une épreuve photographique. Au-delà, la photographie offrit à Courbet de rester fidèle à son désir d'inventer un nouveau langage artistique. Elle lui permit, grâce à ses poses classiques, de demeurer loyal aux maîtres anciens en se libérant de la contrainte académique du beau idéal ; la femme photographiée était, par nature, une femme « réelle ».

Une intimité profonde jaillit des nus de Courbet, qui est moins celle du connaisseur aguerri de la chair féminine que de l'homme, aîné de trois sœurs, familier de l'univers féminin, dont la douceur et la sensibilité ont pu aussi s'épanouir, parallèlement à son côté bravache. Ce sens de l'intime, plus que le souvenir littéral d'une conquête, fait naître la volupté intense de ses œuvres. La confusion entre figure féminine et masculine n'est pas le moindre des paradoxes que font naître ces nus. Celle-ci est parfois littérale ; les femmes nues du peintre sont souvent puissantes : ainsi, la Vénus du *Réveil* ou la femme brune du *Sommeil*. La femme nue, chez Courbet, subtilise la place de l'homme : la baigneuse de dos esquisse, vers sa compagne, un *noli me tangere*, la pose et l'attitude de la femme brune du *Sommeil* évoquent celles de

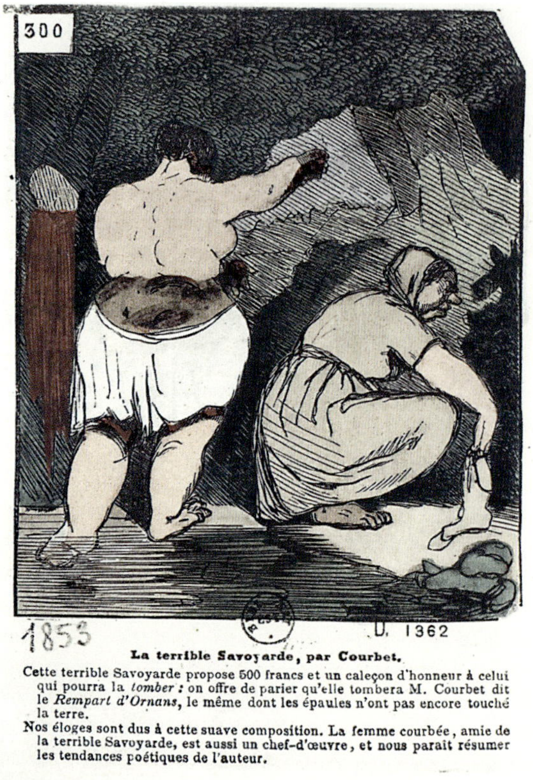

Caricature de Bertall, « La terrible Savoyarde, par Courbet », *Le Journal pour rire*, 1853.

ÉPIGRAMME : Cette terrible Savoyarde propose 500 francs et un caleçon d'honneur à celui qui pourra la *tomber* : on offre de parier qu'elle tombera M. Courbet dit le *Rempart d'Ornans*, le même dont les épaules n'ont pas encore touché la terre. Nos éloges sont dus à cette suave composition. La femme courbée, amie de la terrible Savoyarde, est aussi un chef d'œuvre, et nous paraît résumer les tendances poétiques de l'auteur.

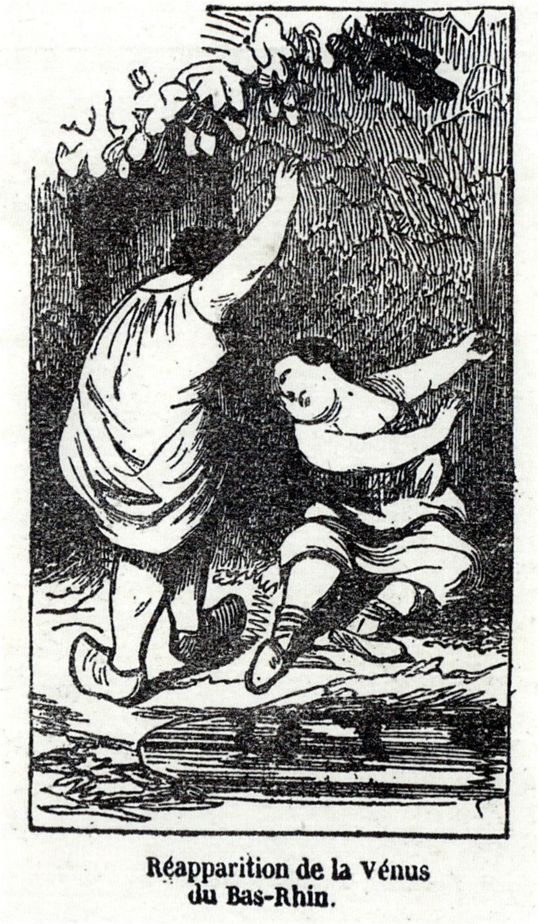

Caricature de Quillenbois, « Réapparition de la Vénus du Bas-Rhin », *L'Illustration*, 21 juillet 1855.

la première ébauche de *L'Homme blessé*, quand il tenait à ses côtés son amante.

Au cours des années 1860, Courbet s'affirme, après la mort de Delacroix, alors qu'Ingres, lui aussi, arrive à la fin de sa vie, comme le grand peintre de son temps. *La Femme au perroquet*, réalisée en 1866, montre combien il a su également plaire à ses contemporains. Sa pose en effet, sa beauté conforme à celle de son temps, le somptueux de sa chevelure défaite séduisent les visiteurs du Salon. Son jeu avec son oiseau exotique amuse alors et rappelle d'autres cocottes. L'abandon du modèle évoque celui de la *Vénus* de Cabanel, le jeu avec l'oiseau, l'air provoquant d'*Olympia*. Au regard des toiles de Manet, la peinture de Courbet apparaît presque classique.

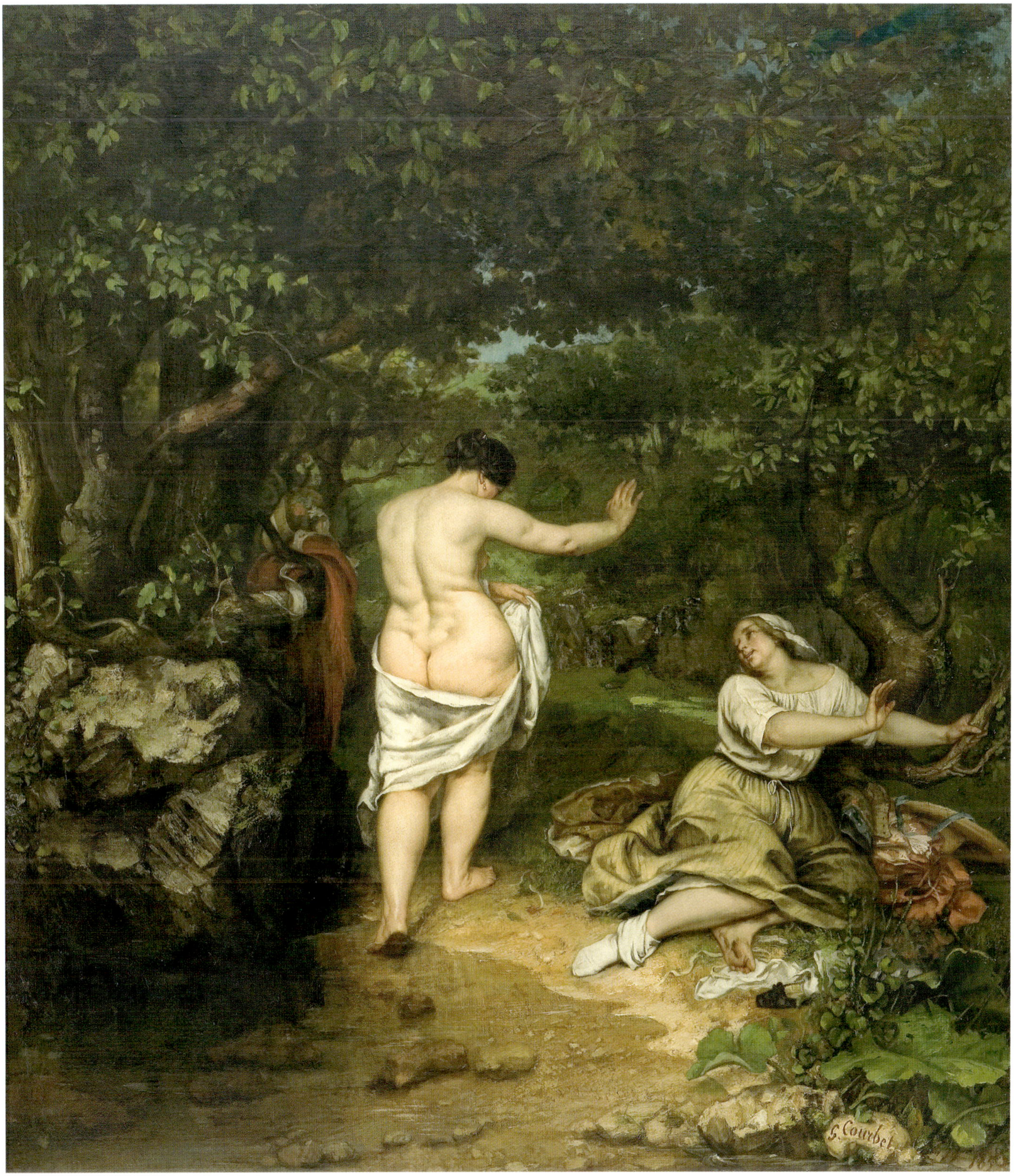

Les Baigneuses, 1853, huile sur toile, H. 227 × L. 193 cm.
Montpellier, musée Fabre

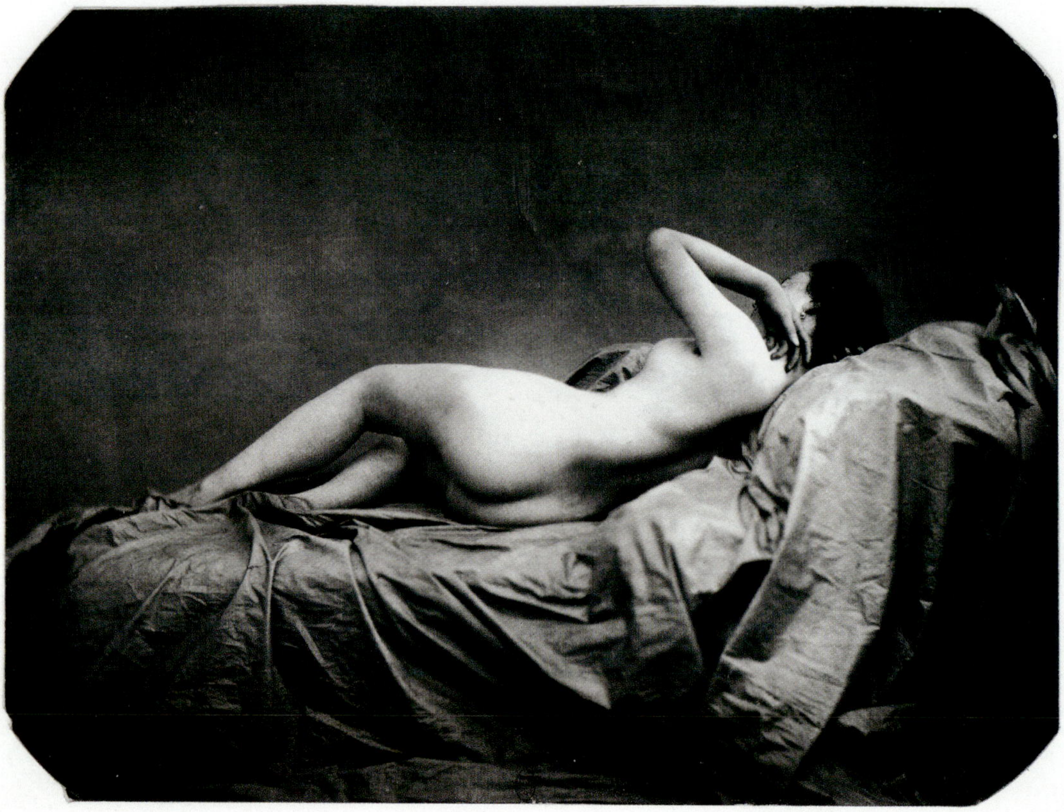

Auguste Belloc (1800-1867), *Nu féminin allongé*, vers 1855, épreuve sur papier salé d'après un négatif au collodion, H. 15 × L. 19,8 cm. Paris, BnF, département des Estampes et de la Photographie

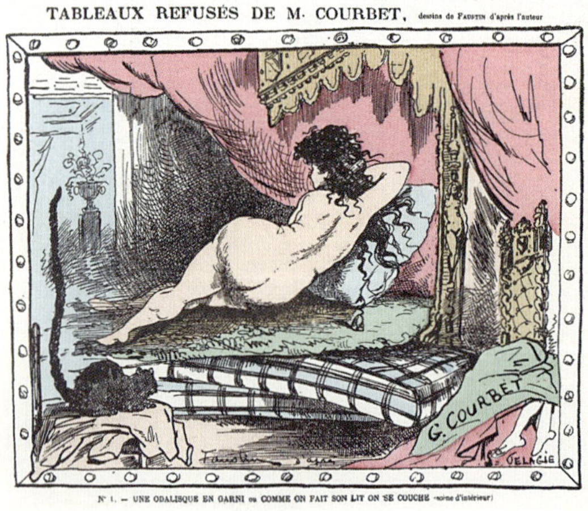

Caricature de Faustin, « Une Odalisque en garni ou comme on fait son lit on se couche (scène d'intérieur) », *La Chronique* illustrée, 6 mai 1872.
Caricature de *La Dame de Munich*

Au même moment, Courbet peint pour le diplomate ottoman Khalil-Bey *Le Sommeil* et *L'Origine du monde*. Cette dernière toile, destinée au secret d'un cabinet privé, ne fut pas montrée du vivant de l'artiste. Unique en son temps, profondément dérangeante par la brutalité de la représentation métonymique du corps féminin, liée aux images pornographiques contemporaines, la toile, aujourd'hui sans doute la plus célèbre et la plus commentée de Courbet, met pourtant l'érotisme charnel et amoureux à distance. Sa sensualité est picturale, le jeu subtil de la touche, la beauté des bruns et des beiges, la puissance des chairs sont ici remarquables.

D. F.-R.

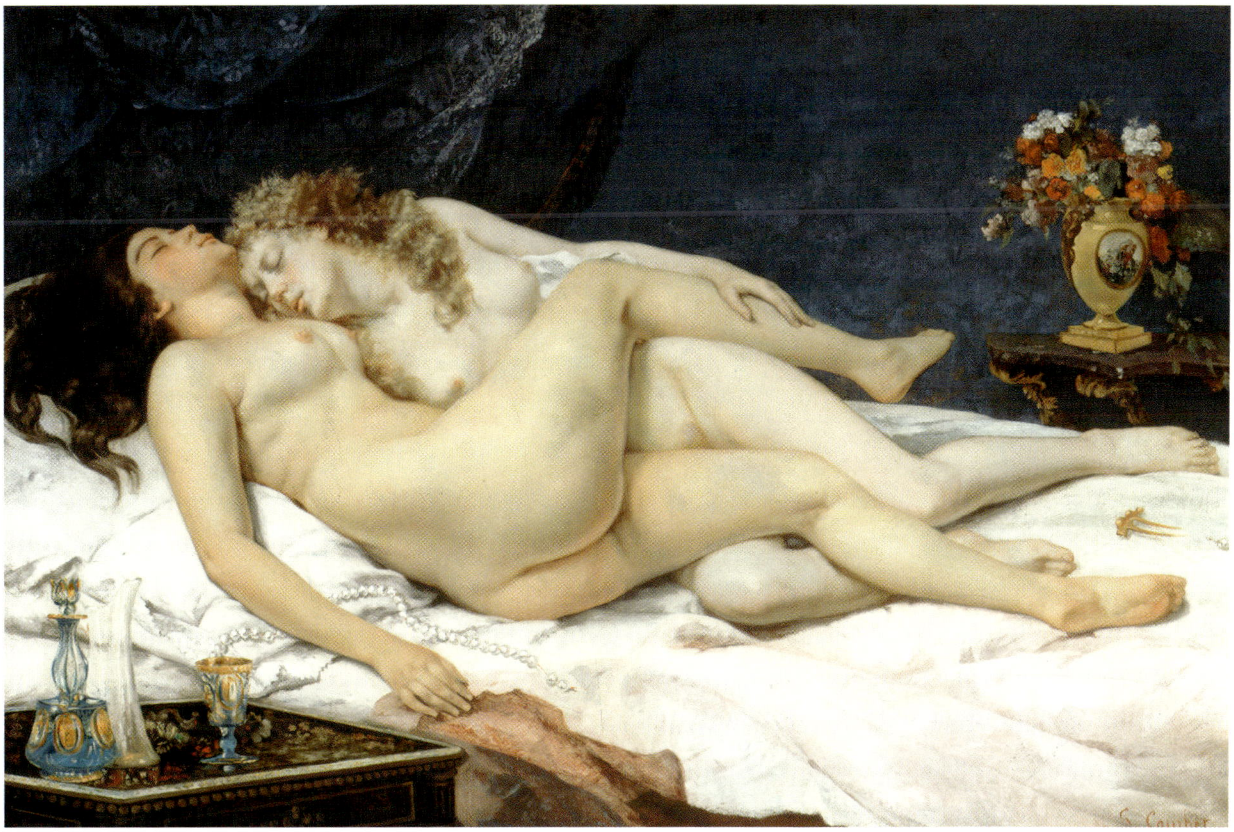

Le Sommeil, dit aussi *Les Deux Amies* et *Paresse et luxure*, 1866, H. 135 × L. 200 cm. Paris, musée du Petit Palais

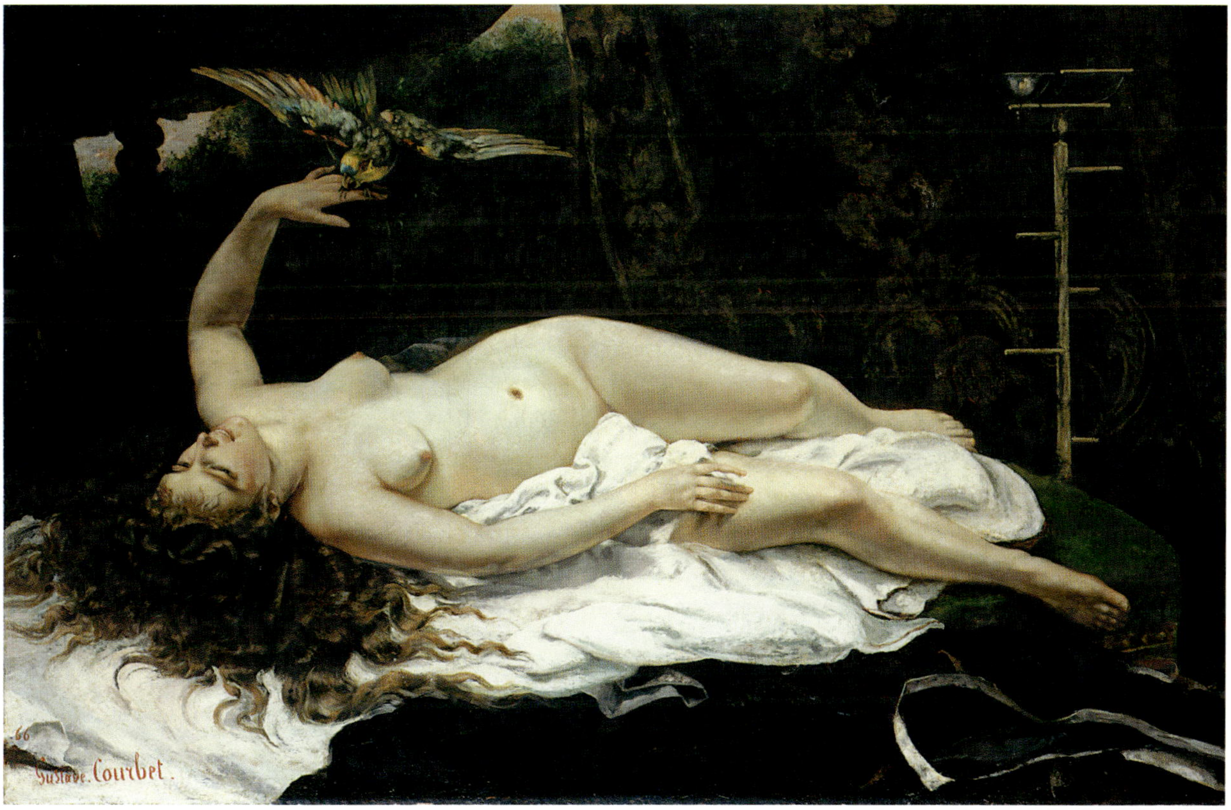

La Femme au perroquet, 1866, huile sur toile, H. 129 × L. 195 cm.
New York, The Metropolitan Museum of Art, H. O. Havemeyer Collection, legs de Mrs. H. O. Havemeyer, 1929

Le peintre en chasseur mélancolique

Les scènes de chasse réalisées par Courbet à partir de 1857 forment la part la plus étrange, mais aussi la plus originale, de son œuvre. La peinture animalière est, traditionnellement, un genre mineur en France, où elle ne connut pas les faveurs qu'elle reçoit toujours outre-Manche. L'intérêt du peintre pour ces sujets est mal compris et, souvent, regardé comme anecdotique. L'artiste et le chasseur se confondent. Courbet fut en effet un chasseur passionné, et à la lecture de sa correspondance, émérite. Malgré son installation parisienne, il revient régulièrement passer les automnes en Franche-Comté, où il partage battues et traques avec ses amis d'enfance. Fin 1858, son séjour à Francfort est l'occasion pour lui de grandes chasses à l'allemande qui l'enthousiasment.

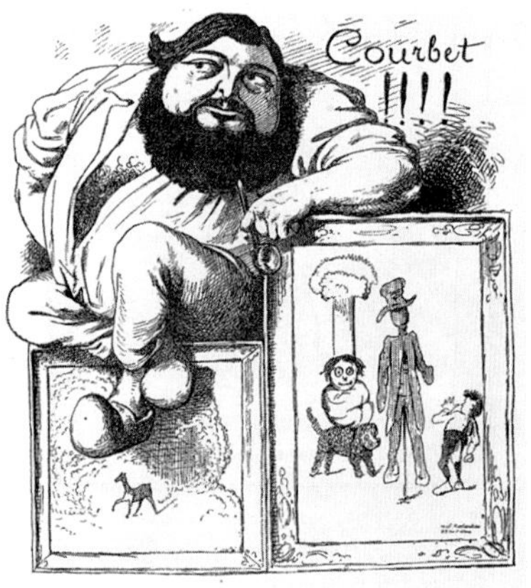

Caricature d'André Gill, « Courbet !!! », *Le Salon pour rire*, 1868

ÉPIGRAMME : Dans cette fourmilière de tartines banales ou prétentieuses qui encombrent le salon, le peintre d'Ornans donne son coup de trique, et l'on respire devant deux de ces toiles : un petit *Paysage* qui est une perle et un *Mendiant d'Ornans*, qui est le dernier mot de la lumière. Continuez ainsi chaque année, bon maître, et que ceux qui sont nés peintres vous suivent, car vous êtes bien loin devant tous, vous qui voyez juste et qui peignez sincèrement !

L'envoi au Salon de 1857 de deux premières toiles liées à ce thème – *Chasse au chevreuil dans les forêts du grand Jura (La Curée)* et *Biche forcée à la neige* – souligne, non seulement l'intérêt de l'artiste, mais aussi l'importance qu'il y attachait dans sa volonté de reconnaissance comme peintre majeur. Il est probable que le succès remporté, lors de l'Exposition universelle de 1855, par les toiles, autour de sujets analogues, du Britannique Edwin Landseer, l'ait inspiré. Stratégie sans aucun doute couronnée de succès : malgré la présentation cette même année des *Demoiselles des bords de la Seine*, qui attira de violentes réactions, Courbet fut récompensé, lors du Salon de 1857, d'un « rappel de médaille », en allusion à celle obtenue huit ans plus tôt pour *Une après-dînée à Ornans*.

Les critiques furent en effet très favorables aux deux tableaux. « *La Biche forcée à la neige* est une toile de la hardiesse la plus simple et la plus originale, écrit Théophile Gautier. [...] la neige de M. Courbet n'est ni grise, ni bleue, ni jaune ; elle est blanche, chose rare dans les effets de ce genre, et le peintre a vaincu cette difficulté presque insurmontable avec un merveilleux instinct de coloriste. La biche tombée sur le flanc découpe sa svelte silhouette au milieu de cette blancheur étincelante [...]. »

Fort de cette réussite, le peintre envoya au Salon de 1861 deux très grandes toiles de chasse – *Le Cerf forcé à l'eau* et *Le Rut du printemps (Combat de cerfs)* –, ainsi que deux toiles plus petites, *Le Piqueur* et *Le Renard dans la neige*. Gautier, sans réserve, écrivit : « On dirait que M. Courbet

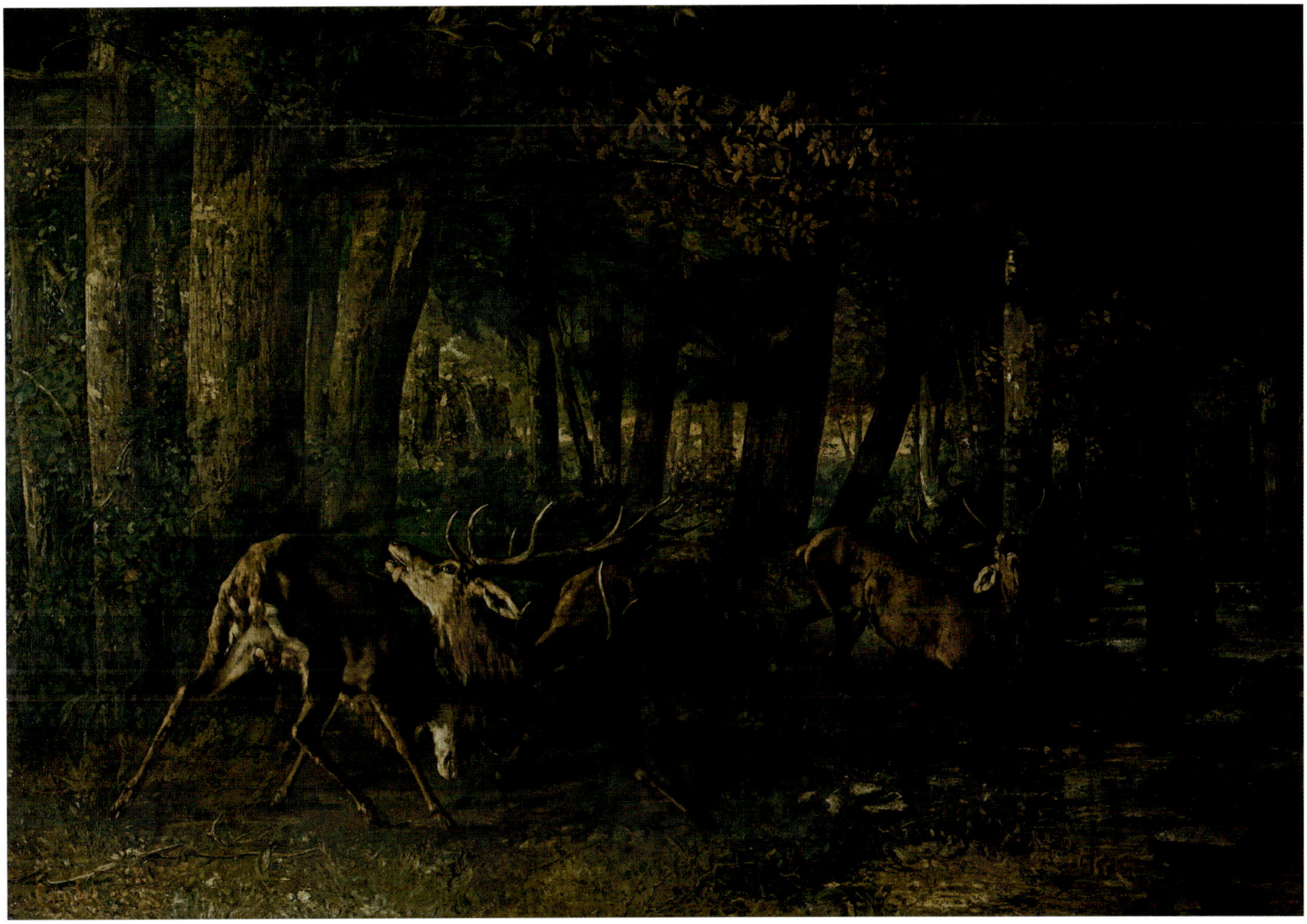

Le Rut du printemps ou *Combat de cerfs*, 1861, huile sur toile, H. 355 × L. 507 cm.
Paris, musée d'Orsay

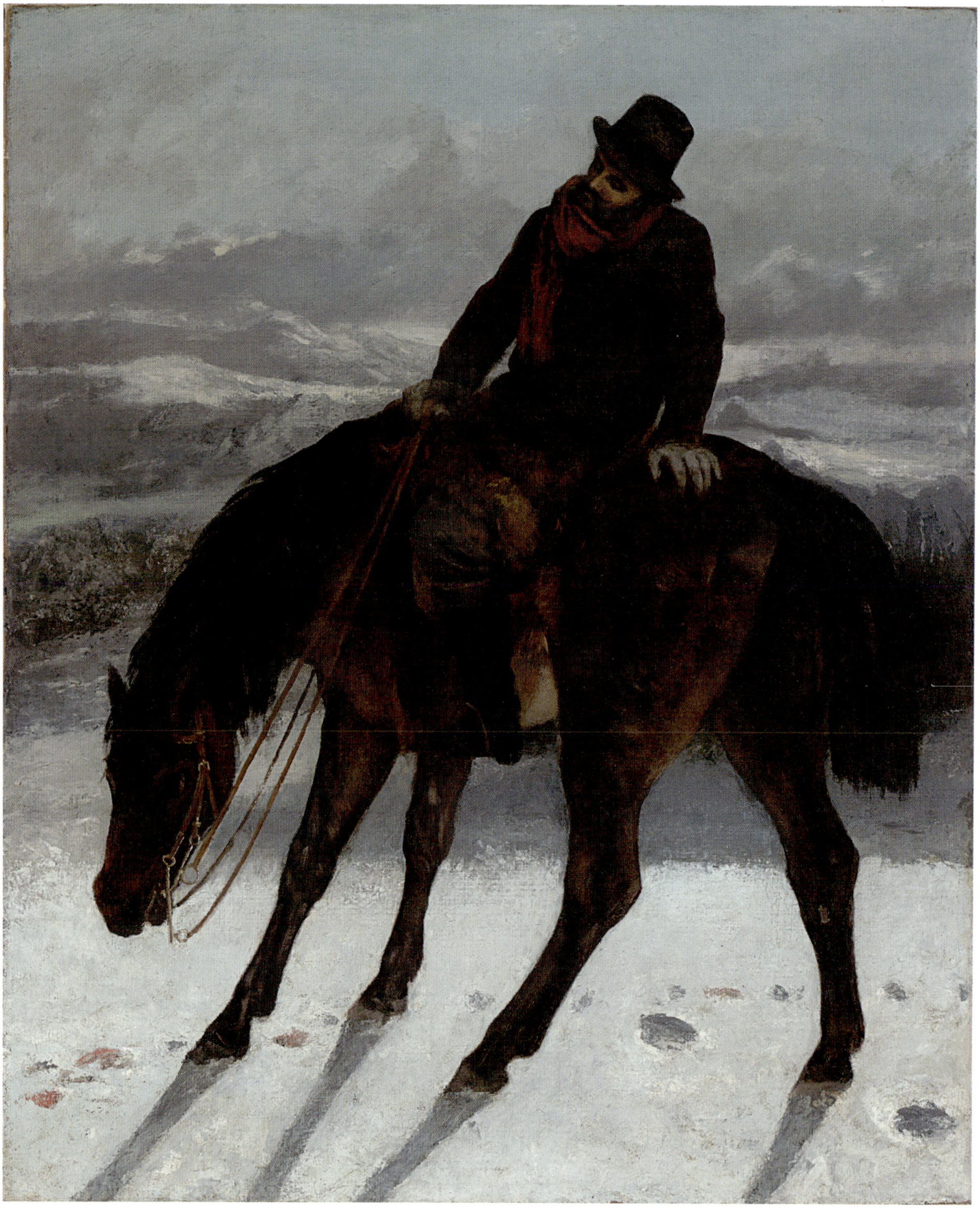

Chasseur à cheval retrouvant la piste, 1863-1864, huile sur toile, H. 110 × L. 91 cm.
New Haven, Yale University Gallery

a enfin compris qu'il avait trop de talent pour chercher le succès par des excentricités voulues. Pas de Vénus capitonnée, pas de demoiselles de village, pas de lorettes au bord de la Seine, mais des animaux et des paysages d'une grande vérité et d'une exécution magistrale. »

Le succès fut cependant nuancé d'une déception majeure : alors que Nieuwerkerke et Chennevières étaient tous deux favorables à l'achat par l'État du *Combat de cerfs*, qui aurait été ainsi le premier tableau de Courbet à entrer au musée du Luxembourg, il semble que Napoléon III lui-même s'y soit opposé. Le peintre poursuivit cependant ses envois d'œuvres cynégétiques : il présenta *La Remise de chevreuils* au Salon de 1866 ; l'impressionnante toile de *L'Hallali du cerf* fut d'abord accrochée en 1867 dans son exposition particulière de l'Alma, puis envoyée au Salon de 1868, où elle fit sensation par sa taille et son traitement.

Les scènes de chasse peintes de 1857 à la fin des années 1860 – les trois *Truites* en formeront la douloureuse *coda* – sont l'œuvre d'un artiste dans sa maturité, en pleine possession de son talent. Elles mêlent étroitement le réalisme de l'observation directe d'un chasseur aguerri à la connaissance maîtrisée de la tradition picturale, à laquelle Courbet se réfère implicitement par les dimensions des toiles, mais aussi par le choix des poses et des attitudes.

Le peintre connaissait bien les usages cynégétiques de son temps. Familier des animaux qui peuplaient ses forêts franc-comtoises, il savait les refuges des bêtes sauvages, leurs habitudes, leurs rythmes. Il n'hésita pourtant pas, en pleine conscience, à rompre avec ces usages, cassant le postulat réaliste et anecdotique de la scène de chasse au profit de l'ambition de la grande peinture. Il ne craignit pas, ainsi, de distordre, dans *La Curée* ou *Renard mort suspendu à un arbre*, la taille des arbres, afin de donner au gibier mort une dimension majestueuse, solennelle. Il inventa pour les besoins d'un combat, qu'il souhaita aussi retentissant qu'une bataille, un rut de printemps imaginaire où les lutteurs se succèdent, comme autant de valeureux guerriers face à l'agresseur. Il associa sur une même toile – *La Remise de chevreuils* – des animaux d'âges différents, mêla sur une même bête des bois de jeune chevreuil avec la robe d'un faon.

C'est à la peinture d'histoire qu'il emprunte aussi les poses de ses animaux. Bien qu'il les

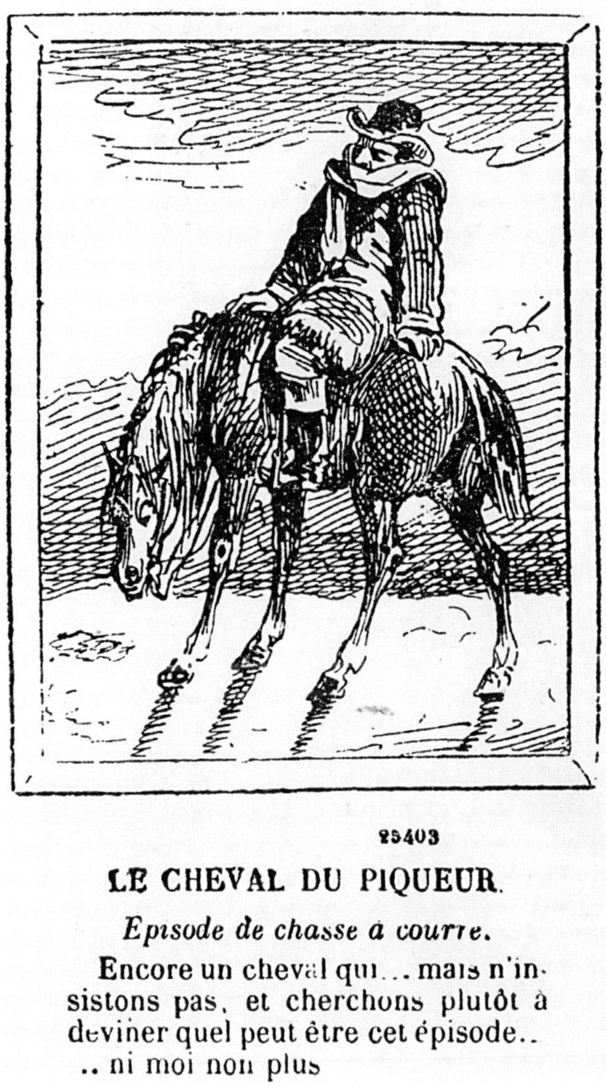

Caricature de Randon, « Le Cheval du piqueur », *Le Journal amusant*, 1867.

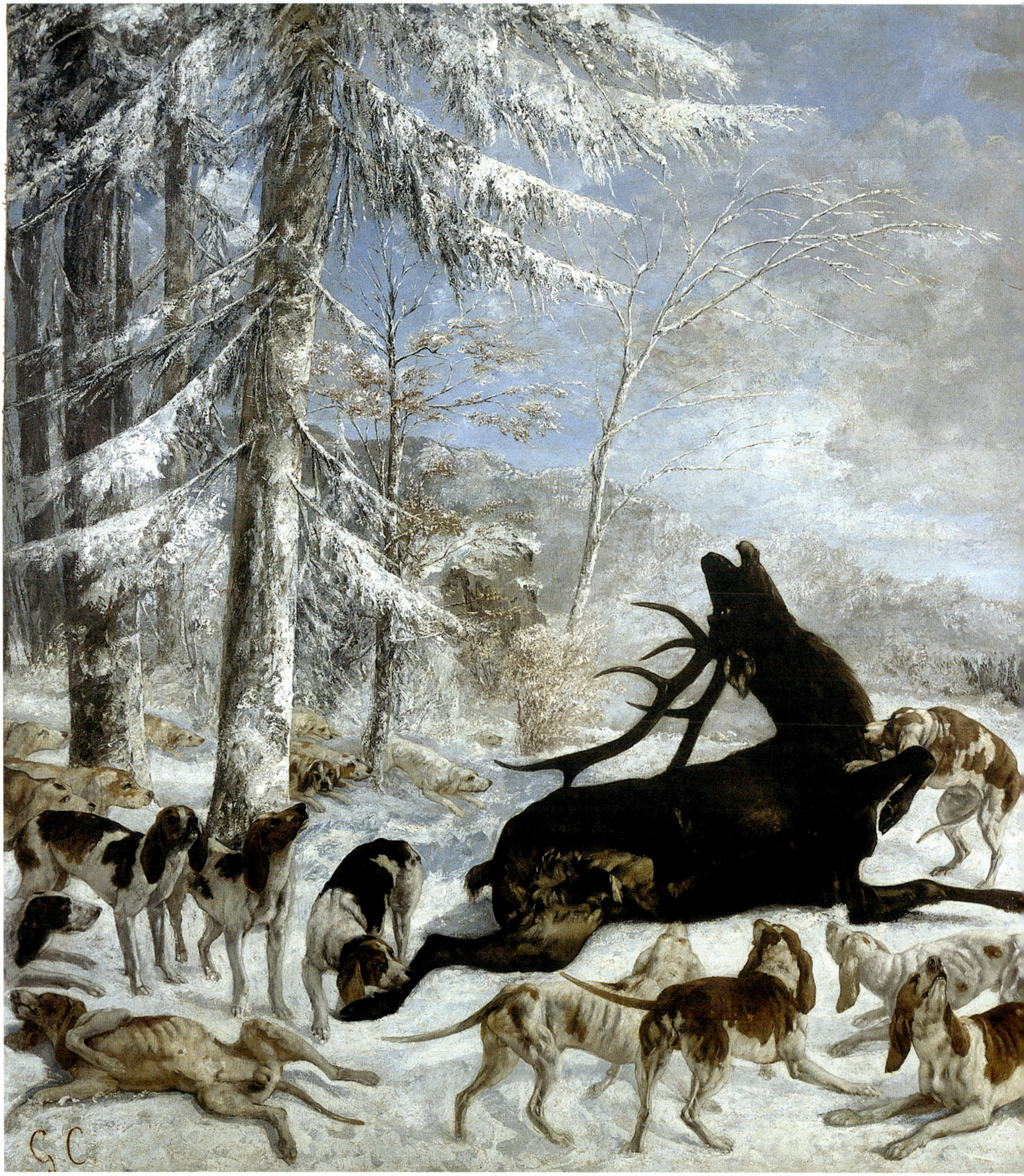

L'Hallali du cerf, 1867, huile sur toile, H. 355 × L. 505 cm.
Besançon, musée des Beaux-Arts et d'Archéologie

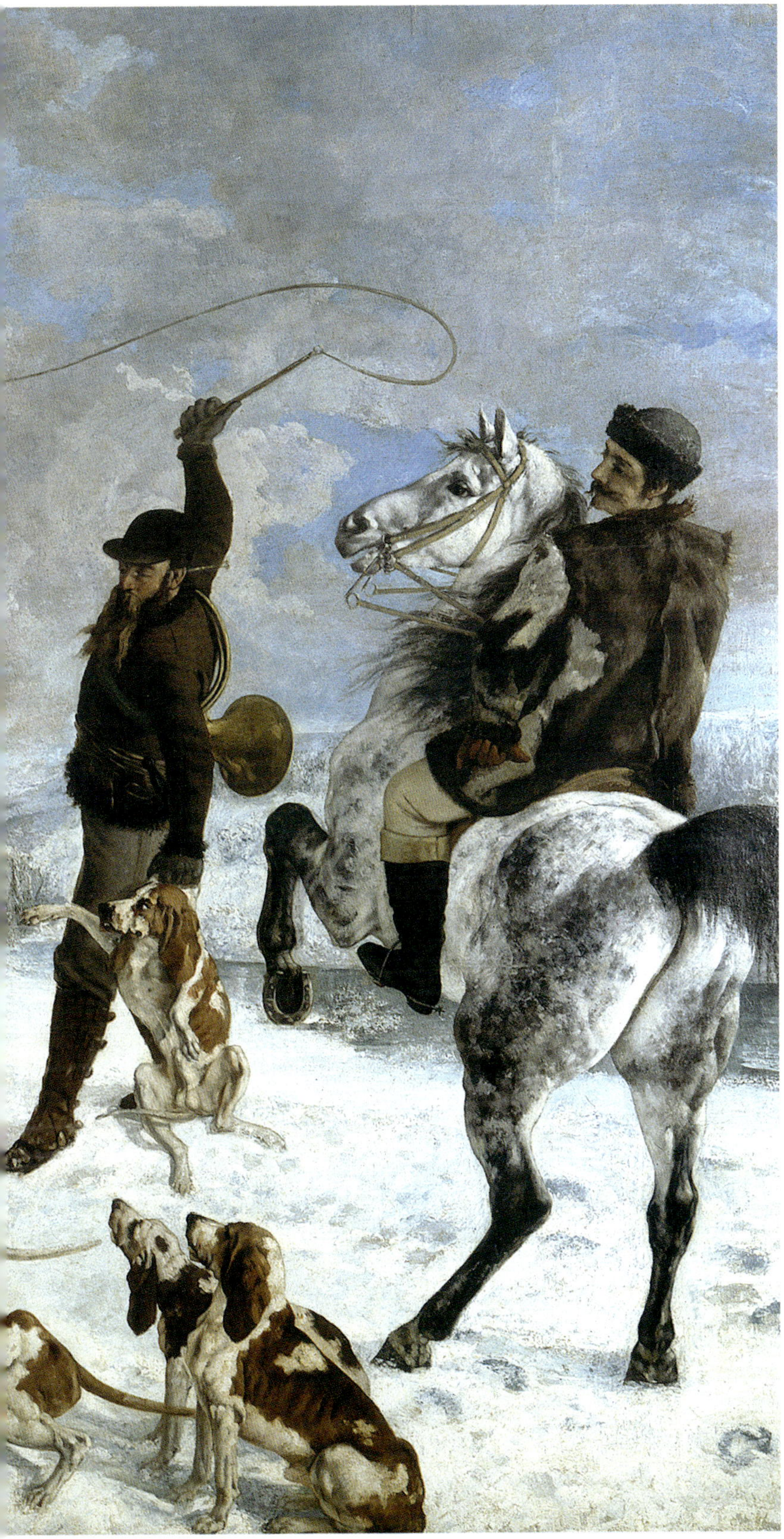

observe fidèlement et les représente avec une empathie profonde, il leur donne une attitude inspirée de la tradition picturale : ainsi, le corps écartelé du renard mort, son acceptation résignée de la souffrance ne sont pas sans évoquer une Déposition de Croix; la gorge offerte des grands cerfs au combat, signe de soumission, s'inspire du cou de la Thétis d'Ingres, tendue vers Jupiter en un geste d'offrande. Courbet se réfère aussi à son œuvre propre : *Le Renard dans la neige* fait le dos rond, jouant avec sa proie comme le gros chat de *L'Atelier* avec la robe froissée du modèle; le cerf mis à mort dans *L'Hallali* emprunte sa puissance douloureuse au *Cerf forcé*. De cette double fidélité au réalisme, dont il se proclame, et à la peinture d'histoire, qu'il évoque, naît l'étrangeté des toiles, leur refus du pittoresque et de l'anecdote.

Difficiles à saisir, ces œuvres provoquent souvent une émotion sensible. Le paysage peint par Courbet est moins observé que ressenti. La communion profonde avec la nature s'étend aux animaux blessés ou mis à mort. Dans *La Curée*, l'artiste donne ses traits au chasseur : les bras croisés, le dos appuyé contre un arbre, il semble s'abstraire de la scène. Sa pose répète celle de l'animal mort. Malgré leurs dimensions et leur puissance, ces tableaux ne s'apparentent pas à des trophées, au récit fanfaron des succès de traques, démentant ainsi le ton volontiers hâbleur de sa correspondance. Le silence de l'arrêt prime sur la sonnerie triomphante des cors. Le refus de l'anecdote se double d'un sens aigu de la compassion. À la souffrance de la proie répond la mélancolie du chasseur. Ce dernier, même accompagné, demeure solitaire, confronté à la mise à mort qu'il a pourtant poursuivie et provoquée. La traque de la chasse vaut, pour une part, métaphore de la destinée.

D. F.-R.

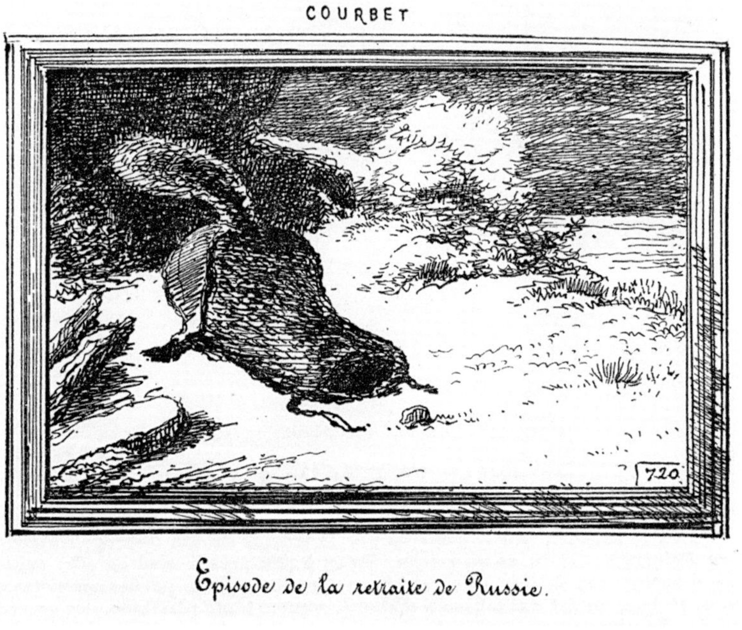

Caricature de Galetti, « Episode de la retraite de Russie », *Album caricatural, Salon de 1861.*

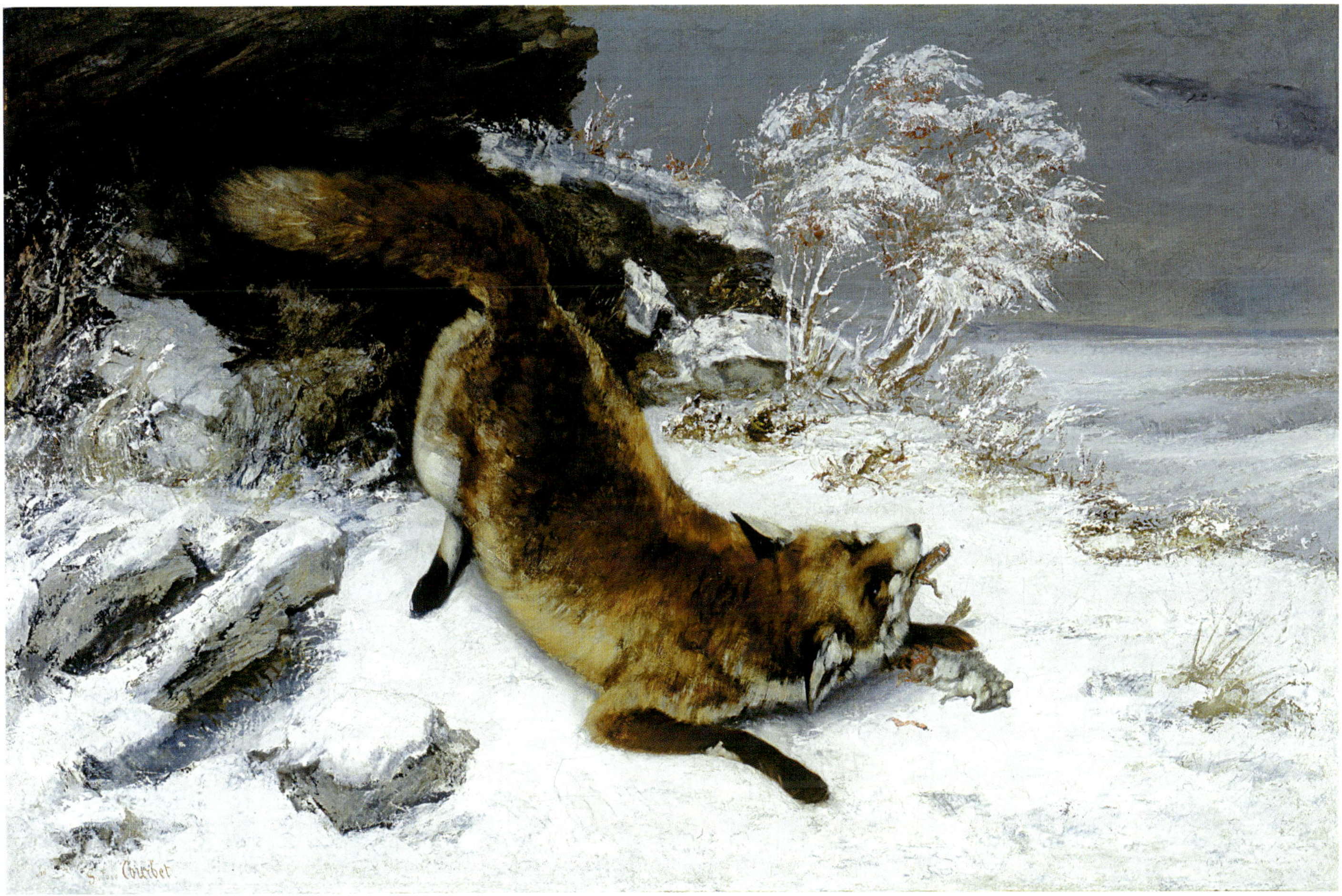

Le Renard dans la neige, 1860, huile sur toile, H. 85 × L. 127 cm.
Dallas, Museum of Art, Mrs. John B. O'Hara Fund

L'expérience de l'Histoire. Courbet et la Commune

Si Courbet ne cessa d'entretenir un rapport complexe au politique, il ne s'était jamais, jusqu'en 1870, pleinement engagé dans l'action publique. L'artiste se définissait comme un « républicain de naissance », proche des pensées utopistes de Fourier et de Proudhon. La constance de son aspiration démocratique le fit régulièrement s'opposer au régime impérial, et refuser la Légion d'honneur en juin 1870.

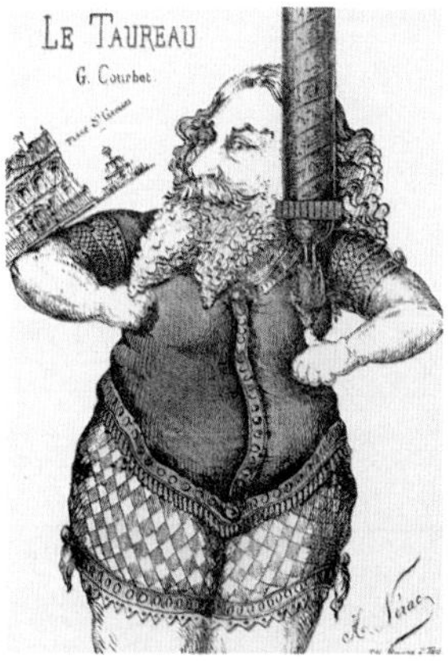

Caricature de Nérac, « Les Signes du Zodiaque (n° 4), Le Taureau, G. Courbet », 26 juin 1871

Lorsque la guerre franco-prussienne éclata, Courbet s'investit dans une résistance énergique et idéaliste. Au lendemain de Sedan et de la proclamation de la République, il faisait partie du groupe d'artistes qui fonda, le 6 septembre 1870, la Commission des arts préposée à la conservation des musées nationaux et des objets d'art. Élu président de cette instance, il se vit confier une mission de préservation et de protection du patrimoine parisien. Mais, dès le 18 septembre, la Commission des arts envisageait une réforme du système des beaux-arts, à laquelle Courbet ajouta en son nom une proposition de démolition de la colonne Vendôme. Le peintre souhaitait que ce symbole napoléonien soit « déboulonné » et que son bronze soit fondu en monnaie.

En mars 1871, alors que la Commune se constituait, Courbet incita les artistes à préparer leur propre gouvernement, et le 10 avril était créée la Fédération des artistes dont il devint le président. Plus politique que la Commission des arts, cette fédération souhaitait réformer en profondeur la vie artistique. Parallèlement à ces activités, Courbet s'investit directement dans la vie politique. Après deux tentatives infructueuses, il entra au Conseil de la Commune comme délégué du VIe arrondissement lors des élections complémentaires du 16 avril, et y siégea jusqu'au 22 mai. Cependant, le peintre, fidèle à ses convictions pacifistes, ne prit pas part aux combats du siège, ni à la Semaine sanglante. Il s'opposa également à l'instauration d'un Comité de Salut public au sein de la Commune.

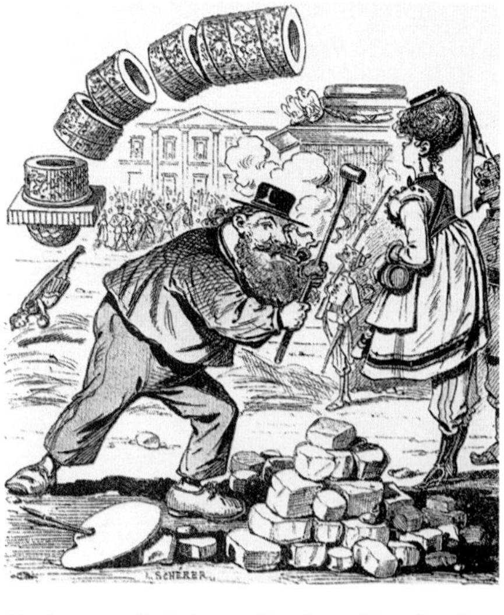

ÉPIGRAMME :

En haut : Exercice très Dangereux (se méfier des Courbet... ures.)

Ci-contre : L'homme qui était un jour appelé à démolir la Colonne devait commencer par être casseur de pierre.

Caricature de Léonce Schérer (Courbet le « colonnard » en casseur de pierre), *Souvenirs de la Commune*, 4 août 1871

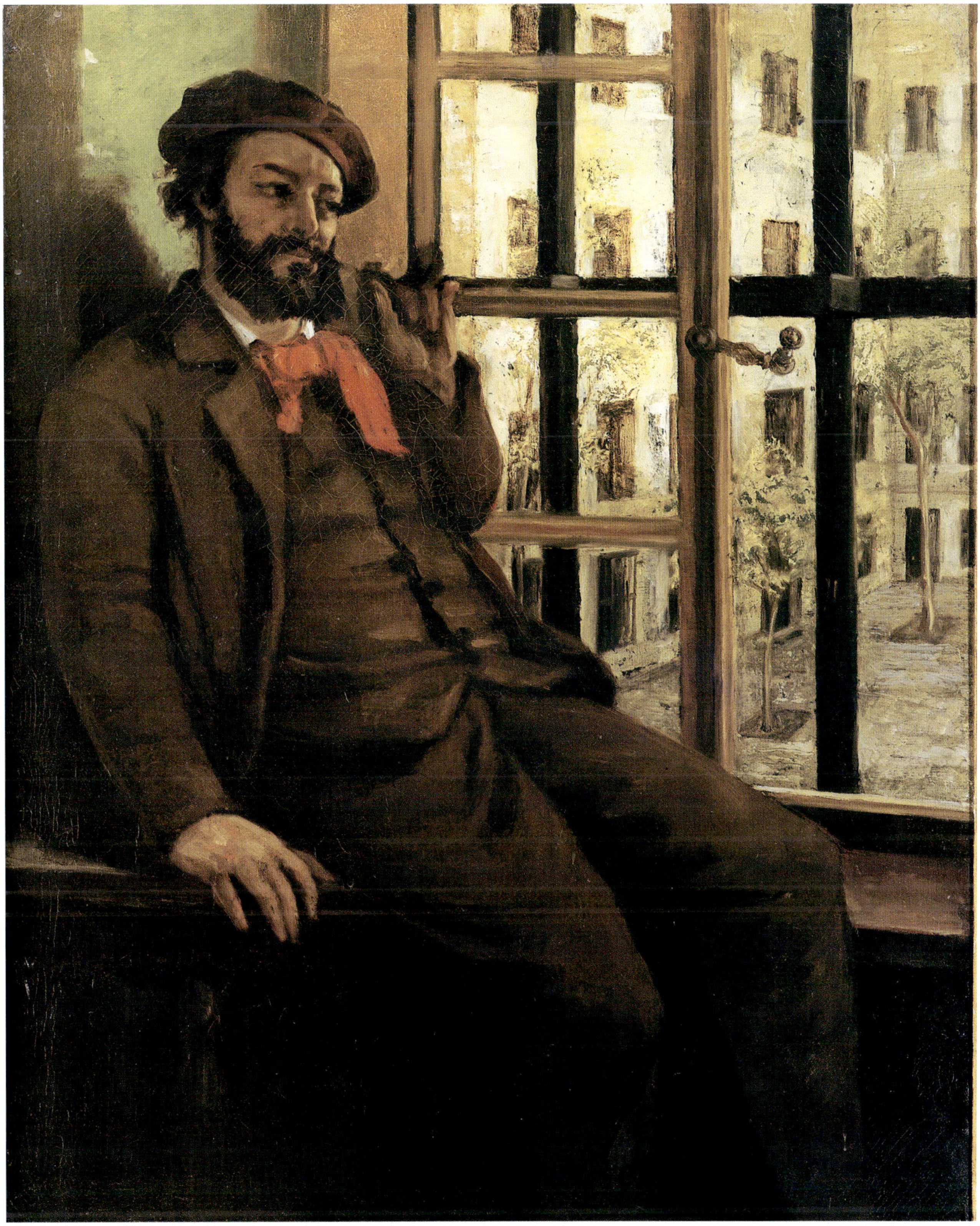

Portrait de l'artiste à Sainte-Pélagie, 1872-1873, huile sur toile, H. 92 × L. 72,5 cm.
Ornans, musée Gustave Courbet

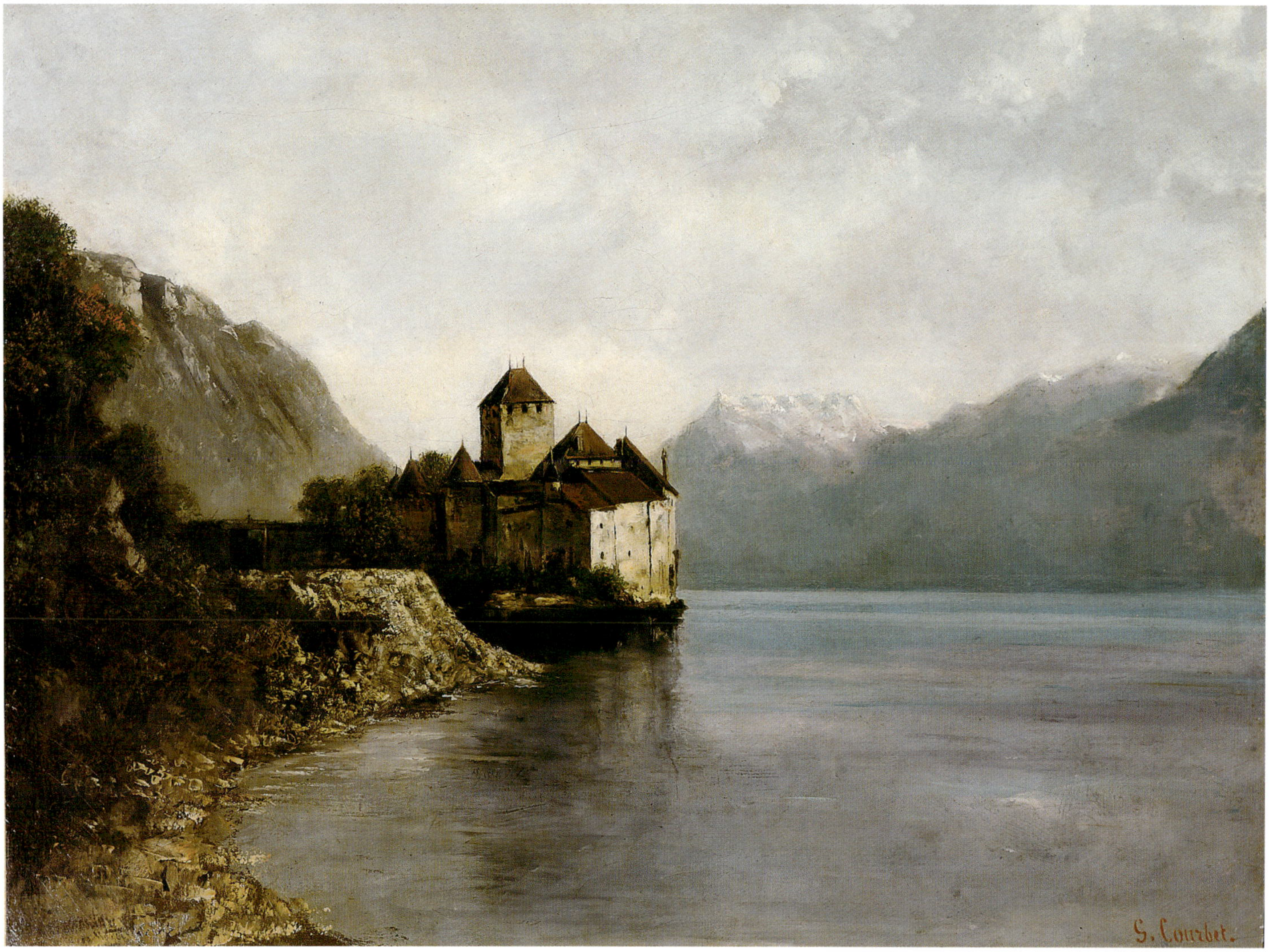

Le Château de Chillon, 1874, huile sur toile, H. 86 × L. 100 cm.
Ornans, musée Gustave Courbet

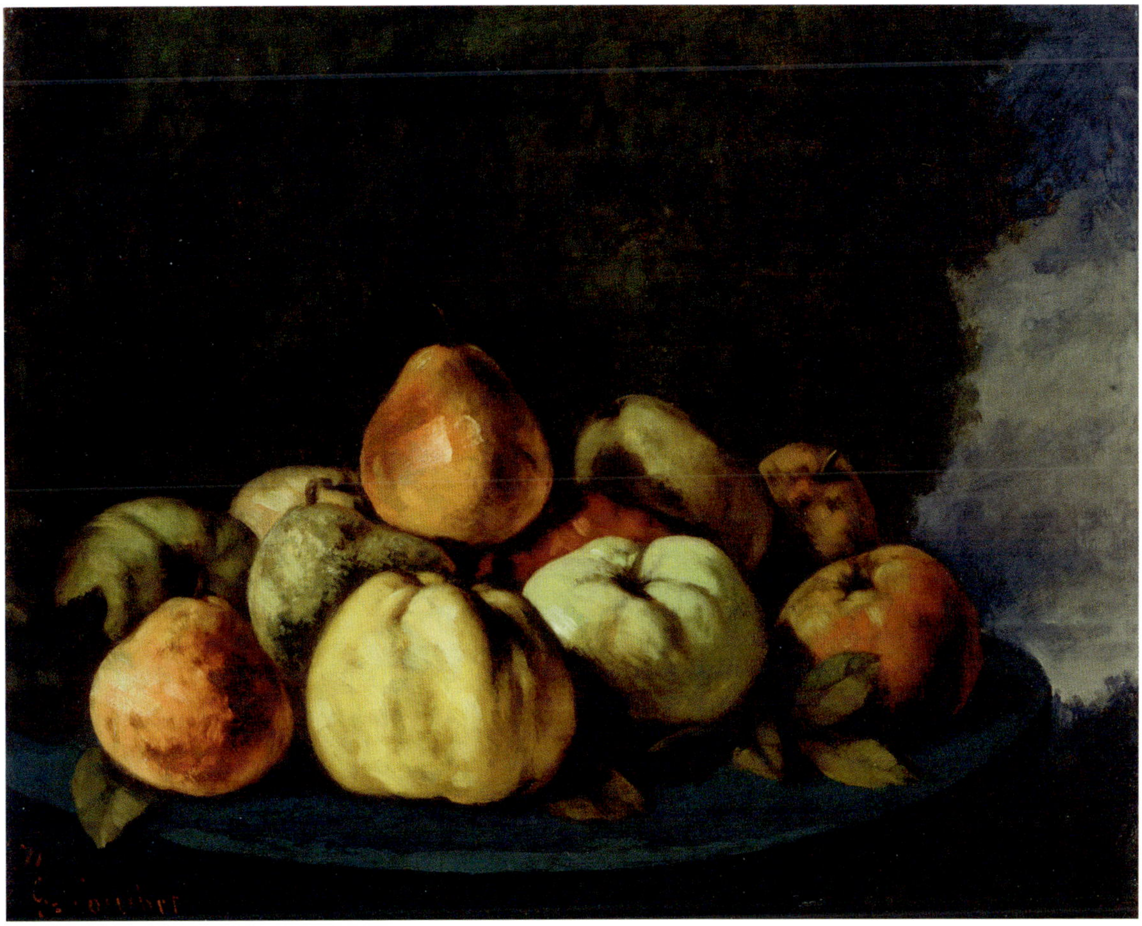

Pommes et poires, (table de jardin), 1871-1872, huile sur toile, H. 46 × L. 56 cm. Copenhague, Ny Carlsberg, Glyptotek.

Pendant la Semaine sanglante, alors que les troupes versaillaises reprenaient le contrôle de la capitale, Courbet se réfugia chez un certain A. Lecomte, où il fut arrêté le 7 juin 1871. Commença alors pour lui un interminable calvaire juridique qui se prolongea jusqu'à sa mort, en décembre 1877. Grâce à une défense menée par l'avocat Charles Lachaud et orchestrée par Jules Castagnary, la sentence de Courbet fut plus clémente que celles de ses coaccusés, pour la plupart condamnés à mort ou à la déportation. Le 2 septembre 1871, l'artiste était frappé d'une peine d'emprisonnement de six mois et d'une amende de cinq cents francs au motif de sa parti-

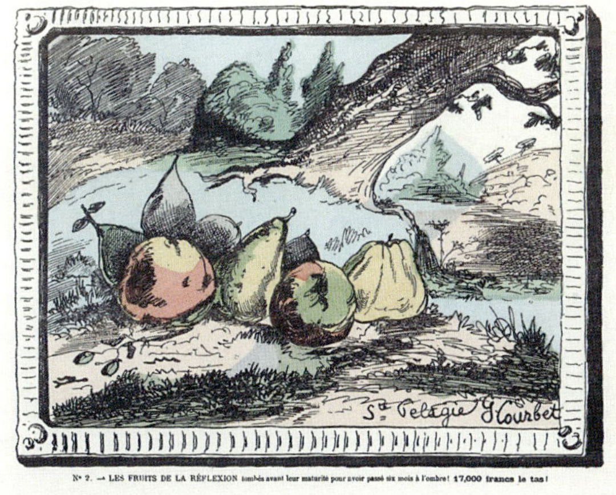

Caricature de Faustin, « Les Fruits de la réflexion », *La Chronique illustrée*, 6 mai 1872.

ÉPIGRAMME : Les Fruits de la réfléxion tombés avant leur maturité pour avoir passé six mois à l'ombre ! 17,000 francs le tas !

cipation à la destruction de la colonne Vendôme, qu'il avait proposée six mois avant la formation de la Commune.

Courbet fut transféré de Versailles à la prison parisienne de Sainte-Pélagie. Il entra le 30 décembre 1871 à la clinique du docteur Duval à Neuilly, où il resta prisonnier jusqu'à sa libération le 2 mars 1872. Il tenta alors de revenir sur la scène artistique. Mais en avril 1872, ses deux envois au Salon furent refusés, et les nombreuses caricatures qui le prirent pour cible entre 1871 et 1873 s'acharnent avec violence et férocité sur la figure du « colonnard » irrémédiablement mêlée à celle du peintre.

En 1873, Mac-Mahon remplaça Thiers et une nouvelle assemblée conservatrice décida de relever la colonne Vendôme, entraînant d'autres poursuites contre l'artiste. Craignant encore une contrainte de corps, Courbet quitta la France en juillet 1873 et se réfugia en Suisse. Durant cette période, ses biens et ses tableaux furent saisis. Lorsque la seconde procédure aboutit, le peintre fut condamné aux frais de la reconstruction du monument. Courbet devait payer la première annuité de cette somme le 1er janvier 1878 – il mourut le 31 décembre 1877.

À l'exception du *Portrait de l'artiste à Sainte-Pélagie*, les tableaux peints par Courbet entre l'automne 1871 et juillet 1873, date de son départ en exil, furent conçus en parfaite rupture iconographique avec les événements vécus. Sous leurs silences et l'apparente neutralité de leurs sujets, les toiles de Courbet se font l'écho de la tourmente de l'année 1870-1871.

L'artiste fut autorisé à peindre dans sa cellule à Sainte-Pélagie, malgré des conditions matérielles difficiles. Il définit cet ensemble de toiles par deux pratiques récurrentes : antidater les œuvres à l'année 1871 et porter sur nombre d'entre elles, en lettres rouges, la référence à son emprisonnement à Sainte-Pélagie. Ces signes répétés apparaissent avant tout comme une façon d'exorciser un épisode qui marquait un point de non-retour dans sa vie et sa carrière.

Lorsqu'il renoua avec son art, Courbet reprit son exaltation poétique et charnelle de la nature dans une impressionnante série de natures mortes. Cette peinture « de fortune » débuta avec des toiles de format modeste, de simples motifs traités sans décorum, parfois réalisés sur un support fruste, annexé au gré des circonstances. Mais très vite, les compositions plus savantes, avec leurs fonds de paysages ou d'intérieurs, vinrent compléter l'univers renaissant du peintre. L'ensemble atteint son paroxysme expressif avec les trois tableaux consacrés aux *Truites de la Loue*, dont le lyrisme sourd et poignant traduit la condition d'un artiste désormais survivant. En janvier 1872, l'une des sœurs du peintre, Zoé Reverdy, confiait à Alfred Bruyas : « Tous les sujets sont autant de portraits. »

L. C.

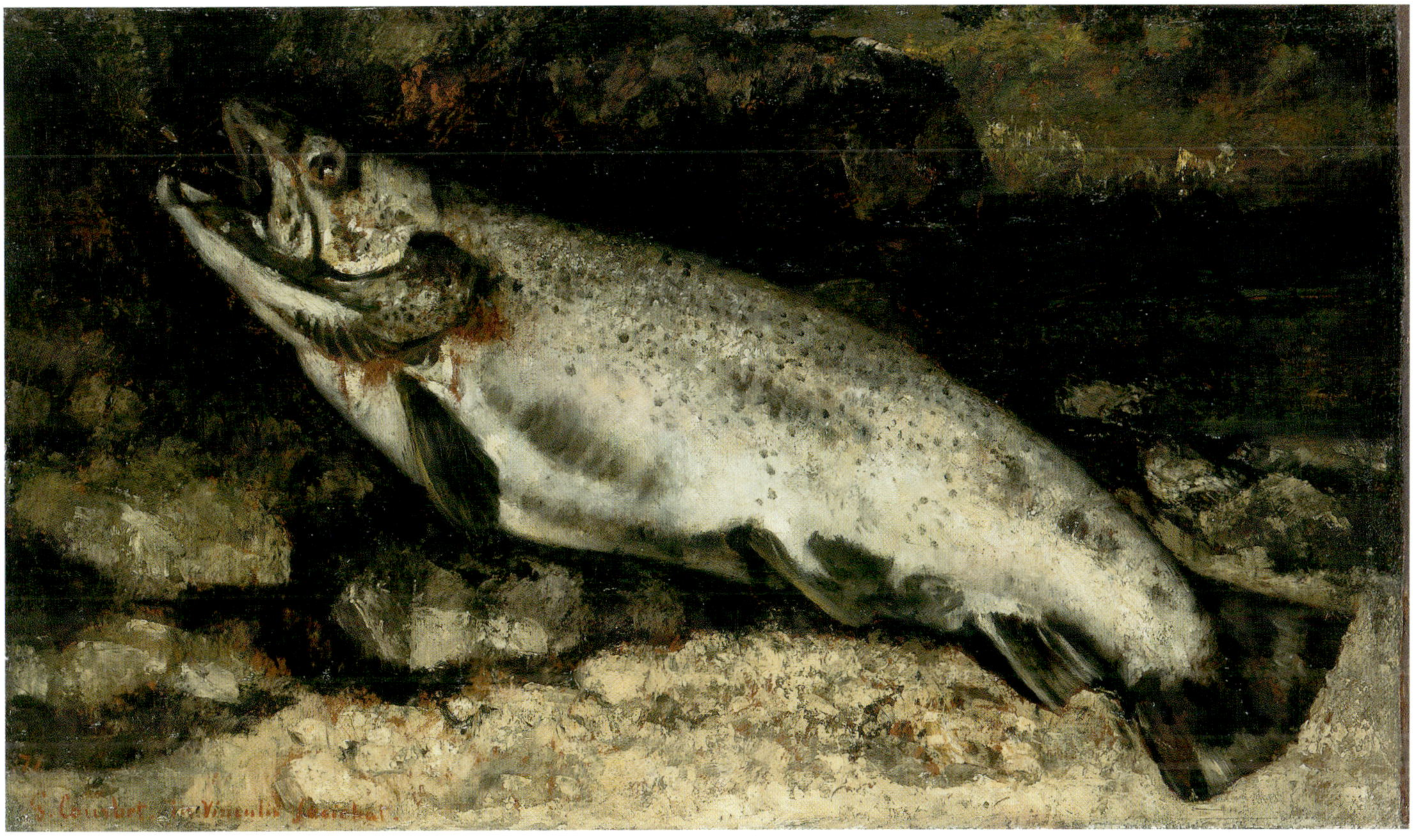

La Truite, 1872, huile sur toile, H. 52,5 × L. 87 cm. Zurich, Kunsthaus

Crédits photographiques

- © Musée des Beaux-Arts et d'Archéologie, Besançon : p. 10h, p. 13h, p. 38-39
- © Chicago, The Art Institute of Chicago : p. 21
- © Dallas Museum of Art, Foundation for the Arts Collection, Mrs. John B. O'Hara Fund : p. 41
- © Hamburger Kunsthalle, 2007 : p. 22h
- © Musée des Beaux-Arts de Lille, Lille : p. 9
- Musée Fabre, Montpellier Agglomération – © Frédéric Jaulmes : p. 16h, p. 31
- Copenhague, Ny Carlsberg, Glyptotek : p. 45h
- © New York, The Metropolitan Museum of Art : p. 11h, p. 33b
- Musée départemental Gustave Courbet, Ornans, dépôt de la Ville d'Ornans/don de Juliette Courbet en 1882 : p. 43, p. 44
- © Bibliothèque nationale de France : p. 32h
- Musée d'Orsay, Paris – © Patrice Schmidt : p. 4h, p. 4b, p. 5h, p. 8, p. 10b, p. 11b, p. 12, p. 13b, p. 16b, p. 17, p. 20h, p. 20b, p. 22h, p. 24, p. 25b, p. 30b, p. 30h, p. 32b, p. 34, p. 37, p. 40, p. 42h, p. 42b, p. 45
- © Petit Palais/Roger-Viollet : p. 25h, p. 33h
- Réunion des musées nationaux – Photo RMN/Photo RMN – © Gérard Blot/Christian Jean : p. 35
- Réunion des musées nationaux – Photo RMN/© Hervé Lewandowski : p. 14-15, p. 18-19, p. 23, p. 29
- © Saint Louis Art Museum, Museum Purchase : p. 26
- © Nationalmuseum, Stockholm : p. 5b, p. 27
- © Yale University Art Gallery, Gift of J. Watson Webb, B.A. 1907, and Electra Havemeyer Webb : p. 36
- © 2007 Kunsthaus Zürich : p. 47

Directeur des éditions
Pierre Vallaud

Chef du département du livre
Catherine Marquet

Responsable d'édition
Nicolas Chirat

Relecture
Sylvie Bellu

Mise en page
Atelier Rosier

Fabrication
Isabelle Floc'h

Photogavure
Edilog

Impression
Imprimerie Mame, Tours

1er dépôt légal : octobre 2007
Dépôt légal : novembre 2007
ISBN : 978-2-7118-5298-7
EA 10 5298
Imprimé en France